# A DINÂMICA DECISÓRIA NO PROCESSO LEGISLATIVO BRASILEIRO

**Filiais**

Sede: Rio de Janeiro
Av. Presidente Vargas - nº 446 –
7° andar - Sala 705
CEP: 20071-000
Centro – Rio de Janeiro – RJ
Tel. (21) 3933-4004 / (21) 3249-2898

São Paulo (Distribuidor)
Rua Sousa Lima, 75 –
CEP: 01153-020
Barra Funda – São Paulo – SP
Telefax (11) 5908-0240

Minas Gerais (Divulgação)
Sergio Ricardo de Souza
sergio@lumenjuris.com.br
Belo Horizonte – MG
Tel. (31) 9-9296-1764

Santa Catarina (Divulgação)
Cristiano Alfama Mabilia
cristiano@lumenjuris.com.br
Florianópolis – SC
Tel. (48) 9-9981-9353

Victor Aguiar Jardim de Amorim

# A DINÂMICA DECISÓRIA NO PROCESSO LEGISLATIVO BRASILEIRO

Editora Lumen Juris
Rio de Janeiro
2018

Categoria: Direito Constitucional

Produção Editorial
Livraria e Editora Lumen Juris Ltda.

Diagramação: Bianca Callado



Impresso no Brasil
*Printed in Brazil*

CIP-BRASIL. CATALOGAÇÃO-NA-FONTE

---

AM524d

Amorim, Victor Aguiar Jardim de.
A dinâmica decisória no processo legislativo brasileiro / Victor Aguiar Jardim de Amorim. – Rio de Janeiro : Lumen Juris, 2018.
196 p. ; 23 cm.

Bibliografia : p. 161-175.

ISBN 978-85-519-0599-9

1. Direito constitucional – Brasil. 2. Câmaras legislativas. 3. Prática parlamentar. 4. Governo de coalizão. 5. Democracia. I. Título.

CDD 328.81

Ficha catalográfica elaborada por Ellen Tuzi CRB-7: 6927

*Aos meus pais, pelo dom da vida, retidão e confiança nos estudos como o caminho do bem.*

*À Letícia, pela paciência, compreensão e amor incondicional.*

*Ao Tiko, companheiro certo das horas dedicadas a produção deste trabalho.*

“Qualquer sociedade que confia em nove juízes não eleitos para solucionar as mais sérias questões do dia não é uma democracia funcional”

(Anthony Kennedy, Justice da Suprema Corte dos EUA)

# Nota do Autor

O presente livro é fruto do trabalho de conclusão do curso de Mestrado em Direito Constitucional desenvolvido no prestigiado Instituto Brasiliense de Direto Público (IDP), durante os anos de 2014 e 2015.

A defesa da dissertação foi realizada no dia 26 de outubro de 2015, perante uma exigente e qualificada banca examinadora, composta por estudiosos do mais alto gabarito: Prof. Dr. Sérgio Antônio Ferreira Victor (Orientador), Prof. Dr. Fábio Lima Quintas (IDP), Prof. Dr. José Levi Mello do Amaral Júnior (USP) e Prof. Dr. Daniel Gustavo Falcão Pimentel dos Reis (USP).

Ao longo da jornada, o tema tão peculiar e timidamente enfrentado nas academias jurídicas, foi sendo lapidado com a colaboração de colegas, de meu orientador e, em especial, do professor e amigo Rodrigo de Oliveira Kaufmann, que me concedeu a honra de prefaciar este livro.

Superado o sacrifício de conciliar um exigente programa de mestrado com as agruras profissionais do dia a dia e, diante das recentes manchetes que acentuam o descrédito da política e, em especial, do Poder Legislativo brasileiro (em todas as esferas federativas), fui instado à trazer a público as conclusões então lançadas em minha dissertação.

Com a máxima modéstia, é preciso destacar a relevância do presente trabalho por destoar da ótica observada nos estudos acadêmicos produzidos nas três últimas décadas no Brasil, os quais se propõem a analisar a natureza das normas regimentais – que regulam a lógica decisória do processo legislativo – tendo como pressuposto a justificação da possibilidade de sindicabilidade jurisdicional da atividade parlamentar, notadamente as chamadas "questões internas". Ou seja, mira-se o Legislativo, mas acerta-se o Judiciário. O enfoque desta pesquisa é o Parlamento, em especial a compatibilização da dinamicidade do funcionamento parlamentar e a expansão constitucional em matéria de regulação das atribuições e limites dos Poderes.

Espera-se, assim, contribuir com o debate e a reflexão crítica acerca da (in)compatibilidade da lógica decisória no seio do Poder Legislativo e da dinâmica de funcionamento do "presidencialismo de coalizão" com os pressupostos democráticos estabelecidos pela Constituição Federal de 1988.

Brasília, abril de 2018.

*Victor Aguiar Jardim de Amorim*

# Prefácio

A obra que a Editora Lumen Juris traz ao conhecimento do público é dessas que têm o potencial de provocar reflexões que se dirigem para além do próprio tema tratado. Victor Aguiar Jardim de Amorim é um pesquisador diferenciado: sua experiência de atuação no Senado Federal lhe conferiu a rara capacidade de examinar o processo legislativo sem as pré-compreensões tão comuns e rasas que juristas em geral herdaram do pensamento constitucional autocentrado e que encontrou no neoconstitucionalismo seu ponto mais elevado.

Segundo os juristas aderentes a essa escola, a teoria constitucional e a criação de bases para o exame dos direitos fundamentais prescindiria do aprofundamento da dinâmica própria do processo político decisório, o que representa, no anteparo das premissas ideológicas, uma postura de pureza acadêmica e científica que trata a política como uma espécie de "mal necessário" à democracia e que a Constituição é um documento sacro, onisciente e onipresente, apesar de ter sido elaborado por parlamentares.

As consequências dessa premissa são devastadoras e repercutem em todo o discurso constitucional e na representação institucional dos Poderes constituídos como, por exemplo, na supervalorização do Supremo Tribunal Federal, na idealização da própria Constituição e na assunção de um dever messiânico dos juristas e juízes constitucionais na interpretação do seu texto. O rebaixamento da importância do Poder Legislativo como resultado também dessa postura limitada, acaba por ignorar um vastíssimo campo de estudo que nos daria a aproximação para examinar a nossa própria democracia e elaborar hipóteses para aprimorar o seu funcionamento.

E é nesse ponto que se localiza a relevância estrutural do trabalho do pesquisador Victor Amorim. Seu texto é não só uma oxigenação metodológica ao estudo do macro-tema da democracia no país, mas também, sob a perspectiva estritamente procedimental, o livro que agora chega às livrarias especializadas contribui imensamente para a redescoberta dos processos e modelos de negociação e debate no âmbito do parlamento, bem como – e principalmente – na identificação precisa de seus mais importantes personagens institucionais.

O Autor, por meio de escrita simples e direta, já posiciona seu público, após adequado tratamento de seu marco teórico. Bem identificando inicialmente as premissas do estudo do parlamento na democracia representativa, estabelece com clareza a solidez da postura da "*compreensão relativista e procedimentalista da democracia*", ancorando o seu trabalho nos estudos de Hans Kelsen e Robert Dahl.

Pois bem. Essa opção preliminar, claramente colocada desde o seu início, já revela ao leitor inteligente o contexto jusfilosófico dentro do qual se desenvolve o seu raciocínio metodológico: não se busca no Poder Legislativo e em seu processo de formação de decisões a "verdade", mas sim o "consenso" e é por isso que a negociação, o diálogo e a concessão se convolam em ferramentas cotidianas da consolidação da democracia e dos espaços de representação política.

Partindo, portanto, do pressuposto de que a democracia é uma construção coletiva e histórica, suas bases não se encontram no discurso pseudocientífico do direito, mas nos processos e agentes tão grosseiramente ignorados pelos juristas: coalizões multipartidárias, relação equilibrada entre Poderes (ao contrário da velha ideia de um Tribunal Constitucional "moderador"), representação política e de interesses, soluções legislativas medianas, prestígio da atividade parlamentar. Nesse desenho, as tão comemoradas "soluções criativas" para os nossos problemas institucionais e de governabilidade são, prioritariamente, responsabilidade e atribuição da prática política, e não do Supremo Tribunal Federal.

Sem ignorar os graves obstáculos observados no Poder Legislativo brasileiro especialmente no pós-1988, o autor constrói sua narrativa a partir da idéia de que "é exatamente a fragmentação do poder e o multipartidarismo que tonificam o aspecto consensual e de composição da democracia brasileira". Isso certamente não significa que nosso sistema de "presidencialismo de coalizão", para repetir a famosa expressão formulada por Sérgio Henrique Abranches em 1988, não precise de aprimoramentos e reformulações específicas. Entretanto, tais aprimoramentos e reformulações não indicam o abandono do projeto democrático por meio da entrega do governo e de suas opções de moralidade política ao Tribunal Constitucional.

Reformular, porém, é tarefa que somente pode ser bem desenvolvida a partir do aprofundamento do estudo das instituições que, em princípio, demonstraram certo esgotamento. Esse é o contexto rico e corajoso dentro do qual se desenvolve o importante trabalho do Victor Amorim. Sua linha mestra, após investigar o chamado "poder de agenda" no Legislativo e a posição emblemática exercida pelo Poder Executivo nesse processo, dirige-se a produzir um olhar sofisticado sobre o papel e a importância dos líderes partidários, tema esse riquíssimo sob a perspectiva da ciência política e da própria democracia, mas que infelizmente apresenta pouco destaque ainda dentre os juristas da *main stream*.

É importante sublinhar que, ao contrário do que parece indicar um pobre "senso comum", as instituições, os processos e as garantias institucionais formadoras do processo político decisório (tais como a representação proporcional, regime de urgência, atribuições das lideranças partidárias, composição das comissões temáticas, repartição de competências das comissões com o plenário da respectiva casa, o poder de veto interno, os direitos da minoria, os direitos de obstrução, fidelidade no âmbito dos partidos políticos) consolidaram-se na história e na prática legislativa, o que garante, na dinâmica própria do Congresso Nacional, considerável previsibilidade no desenlace de votação de matérias de interesse do Executivo. Portanto, enquanto na doutrina do direito constitucional, observa-se um esforço tremendo dos estudiosos em conceituar e indicar a importância da ideia de "segurança jurídica" de maneira a pautar a atuação do Poder Judiciário, o tão criticado Poder Legislativo aplica essa noção diuturnamente com grande sucesso. Em realidade, essa previsibilidade – que se convola, em última instância, em confiança, fidelidade e empenho do nome – é a própria base da atividade legislativa.

Essa visão "pragmática" do processo legislativo indica para uma direção pouco usual sob a ótica de um jurista tradicional em relação ao regime normativo que, em tese, regula essa dinâmica. A soberania do Parlamento, como princípio herdado das primeira fases do Estado Moderno, legou-nos a noção de "estatuto autônomo" ao regimento interno da Casa Legislativa, noção essa sofisticada pela natureza histórica e consuetudinário do Parlamento. Esse pacto para garantir o pleno e bom funcionamento do processo político, não pode, por isso, ser identificado plenamente como uma lei ou um ato normativo clássico, de amplitude aberta de incidência e indeterminado em relação aos seus destinatários. A partir de uma consistente história da doutrina no tema, prepara-se o terreno para se tratar da "racionalização do parlamentarismo" do pós-segunda guerra.

Victor Amorim não se esquiva de tratar de um tema sutil e abandonado pela nossa doutrina jurídica: o equilíbrio que deve haver entre a dinâmica do processo parlamentar e o paradigma do Estado Constitucional para se entender o grau de normatividade do regimento interno das Casas Legislativa que, por pretender regular um espaço de construção de consensos, não pode significar a ocupação totalitária de previsões normativas elaboradas muito antes dos conflitos políticos que se sucedem nessa dinâmica decisória.

Não há dúvida de que o Estado Constitucional também nessa seara deve fazer valer a noção de "embate político" regulado e equilibrado, tentando antever problemas e evitando o abuso do poder da maioria em detrimento dos legítimos direitos de representação minoritária ou do exercício do chamado "direito de obstrução". Entretanto, muito menos o Regimento Interno pode sustentar a atuação temerária, excessiva e incorreta das menores forças políticas na tentativa de barrar as votações alcançadas pela maioria.

O Regimento Interno nos Parlamentos Modernos, portanto, adquirem uma natureza mediadora, afastando-se do velho paradigma impositivo e interventivo da noção clássica de ato normativo abstrato. É como se, no âmago do sistema político-institucional, reconhecesse-se a fundamental importância de um espaço privado de conversação e negociação para que consensos fossem alcançados e decisões pudessem ser tomadas. Assim, em um cenário de uso equilibrado das prerrogativas político-partidárias, o regimento interno encontra a sua plenitude de incidência nos episódios de dissensos, fazendo valer os procedimentos historicamente construídos. Para as questões consensuais – mesmo considerando os acordos entre as lideranças partidárias – o regimento interno perde, por assim dizer, a sua centralidade.

Essas questões, pouco investigadas nos estudos de direito constitucional, por si só já evidenciam a envergadura do trabalho que ora é apresentado ao público. A visão benevolente e prestigiosa do processo parlamentar é equipada com um levantamento científico competente do horizonte de possibilidades de investigação do Poder Legislativo, e isso é certamente a melhor contribuição que um trabalho acadêmico pode deixar aos seus leitores: novas visões sobre temas tradicionais e novas perspectivas de estudo em linhas até então ignoradas pelos grandes doutrinadores. Se isso tudo estiver ainda sustentada em uma preocupação de fundo com os destinos e o futuro da democracia brasileira, está-se - em realidade - diante de um trabalho diferenciado que merece ser lido, refletido e internalizado. Parabéns à Editora Lumen Juris pela escolha editorial e ao leitor que terá em mãos também um renovado guia metodológico para o aprimoramento de um direito constitucional pragmático.

***Rodrigo de Oliveira Kaufmann***

Doutor em Direito, Estado e Constituição pela Universidade de Brasília (UnB), Mestre em Direto e Estado (UnB), Pós-graduado lato sensu em Direito Processual Civil e Constitucional (IBEP – IBDP) e Especialista em Direito Americano pela University of California. É professor de Direito Constitucional e de Filosofia do Direito em cursos de graduação e pós-graduação em Brasília. Foi assessor e chefe de gabinete de três ministros do Supremo Tribunal Federal. Atualmente é advogado com atuação principal perante o STF, Congresso Nacional e Poder Executivo.

# Sumário

# Lista de Siglas

**ADI** – Ação Direta de Inconstitucionalidade
**Art.** – Artigo
**CF** – Constituição Federal
**DJ** – Diário de Justiça
**DJe** – Diário de Justiça Eletrônico
**DVS** – Destaque de Votação em Separado
**EC** – Emenda Constitucional
**Min.** – Ministro
**MS** – Mandado de Segurança
**PEC** – Projeto de Emenda Constitucional
**PRC** – Projeto de Resolução da Câmara dos Deputados
**PRS** – Projeto de Resolução do Senado Federal
**Rel.** – Relator
**RCD** – Resolução da Câmara dos Deputados
**RICD** – Regimento Interno da Câmara dos Deputados
**RISF** – Regimento Interno do Senado Federal
**RSF** – Resolução do Senado Federal
**STF** – Supremo Tribunal Federal
**TSE** – Superior Tribunal Eleitoral

# Introdução

Com a amplitude da cobertura dos trabalhos legislativos pelos meios de comunicação, é cada vez mais frequente a referência à atuação dos líderes partidários nas Casas do Congresso Nacional[1], tornando-se, assim, um hábito o acompanhamento dos bastidores das reuniões de lideranças sobre a inclusão de matérias e cronograma das pautas de deliberação[2].

A bem da verdade, parece já estar consolidada a impressão quanto à "normalidade" do fato de o ritmo do procedimento legislativo e as matérias postas em deliberação serem definidos a partir

1 "O presidente da Câmara, Henrique Eduardo Alves, anunciou nesta quarta-feira (2) que os líderes partidários entraram em acordo para votar uma pauta de consenso a partir da próxima semana em um esforço concentrado de votações de segunda a quinta-feira, e, se preciso, até na sexta-feira [...] enrique Eduardo Alves afirmou que a Casa também quer votar o projeto que cria um piso nacional para os agentes de saúde (PL 7495/06) e o que reduz a jornada de trabalho de enfermeiros (PL 2295/00). O presidente informou, no entanto, que por trazerem impacto ao orçamento essas propostas ainda estão pendentes de acordo com o governo. Alves disse que vai negociar pessoalmente essas matérias. O presidente da Câmara pediu aos líderes partidários que não entrem em obstrução nas próximas sessões, para que a pauta da Câmara possa ser destrancada" (AGÊNCIA CÂMARA NOTÍCIAS. *Líderes definem pauta de votações do esforço concentrado*. Brasília, 02/04/2014. Disponível em: <http://www2.camara.leg.br/camaranoticias/noticias/POLITICA/465127-LIDERES-DEFINEM-PAUTA-DE-VOTACOES-DO-ESFORCO-CONCENTRADO.html>. Acesso em: 05 ago. 2015).

2 "O presidente do Senado, Renan Calheiros (PMDB-AL), deixou a decisão de analisar as duas medidas provisórias que perdem a validade na próxima segunda-feira (3) nas mãos dos líderes partidários. Após sinalizar que as propostas seriam lidas ainda hoje, o peemedebista descartou a possibilidade no início da tarde. No entanto, pressão de governistas fez Renan convocar o colégio de líderes para definir o assunto" (CONGRESSO EM FOCO. *Renan deixa votação de MPs nas mãos dos líderes*. Brasília, 28/05/2013. Disponível em: <http://congressoemfoco.uol.com.br/noticias/renan-deixa-votacao-de-mps-nas-maos-dos-lideres/>. Acesso em: 05 ago. 2015.

de acordos travados por poucos parlamentares, que ostentam o título de "lideranças".

De tal realidade, surgem alguns questionamentos: quem são os líderes partidários? Existem regras que disciplinam o exercício de tais prerrogativas pelas lideranças? Qual o fundamento e legitimidade do poder do líder? É democrática e constitucional a prática de centralizar os desígnios do processo legislativo nas mãos dos líderes?

Face a essas indagações e diante do atual panorama de deterioração da credibilidade pública do Poder Legislativo, emerge o objetivo do presente trabalho: investigar se a regulamentação acerca da atuação dos líderes partidários pelas normas regimentais da Câmara dos Deputados e do Senado Federal é compatível com os pressupostos da democracia representativa e com a estrutura do processo político traçado pela Constituição Federal de 1988.

Para tanto, pretende-se enfrentar a seguinte pergunta-problema: **em vista dos pressupostos da democracia representativa delineados por Hans Kelsen e Robert Dahl e considerando a essencialidade dos partidos políticos para a concretização do princípio democrático no contexto de um Estado de Direito, seria constitucionalmente adequada a disciplina atualmente empreendida pelos regimentos internos da Câmara dos Deputados e do Senado Federal para conferir às lideranças partidárias um protagonismo deliberativo no âmbito do processo legislativo?**

Diante do problema proposto, a hipótese que surge é a possibilidade de se reputar compatíveis com a Constituição Federal de 1988 as disposições regimentais das Casas do Congresso Nacional que conferem aos líderes partidários – na qualidade de representantes das agremiações políticas – papel proeminente e decisivo no fluxo e na condução do processo legislativo.

Ante a complexidade do tema e sua evidente intersecção com o fenômeno político, o enfrentamento do problema exige, necessariamente, considerações acerca das concepções e caracteres fundamentais da democracia representativa e seu desenvolvimento até a atual quadra da história, o que abrange a averiguação de aspectos de fundamental importância relativos aos sistemas político, eleitoral e partidário.

Daí a imprescindibilidade de se delimitar o marco teórico, estabelecendo, de antemão, os pressupostos paradigmáticos[3] que fundamentarão a "visão de mundo" do pesquisador, uma vez que a interpretação de algo só pode fundar-se, essencialmente, em uma concepção prévia, ou seja, na dicção de Martin Heidegger, "a interpretação nunca é apreensão de um dado preliminar, isenta de pressuposições"[4].

O desenvolvimento desta pesquisa será baseado na noção de "democracia" minimalista, relativista e procedimental exposta por Robert Dahl e Hans Kelsen, pela qual o Parlamento é visto como órgão essencial para realização da democracia em razão da heterogeneidade existente na sociedade, e é reconhecido aos partidos políticos, como mecanismo de racionalização do exercício do poder, o papel de instrumento essencial à operacionalização da democracia representativa.

No Capítulo 2, a partir da proposta de Arend Lijphart, será verificada a diversidade existente de modelos de democracia no mundo contemporâneo em virtude da grande variedade de

---

3 A respeito do conceito de paradigma, vide KUHN, Thomas. *A estrutura das revoluções científicas*. Tradução: Beatriz Vianna Boeira e Nelson Boeira. São Paulo: Perspectiva, 1998, p. 13: "Considero 'paradigmas' as realizações científicas universalmente reconhecidas que, durante algum tempo, fornecem problemas e soluções modelares para uma comunidade de praticantes de uma ciência".

4 HEIDEGGER, Martin. *Ser e tempo*, parte 1. Tradução: Márcia Sá Cavalcante Schuback. Petrópolis: Vozes, 2005, p. 207.

instituições governamentais formais e da conformação dos Poderes Legislativos, sistemas partidários, grupos de interesses e tribunais. Como resultado da evidenciação dos critérios e elementos de tal classificação, possível será situar a experiência brasileira atual.

Avante, com sustentação em recentes estudos de ciência política produzidos sobre a conjuntura brasileira (Fernando Limongi, Argelina Cheibub Figueiredo, Fabiano Santos, Octavio Amorim Neto e outros), empreender-se-á uma análise da lógica do processo decisório no âmbito das Casas Legislativas no contexto do presidencialismo de coalizão, caracterizado por um arranjo pluripartidário somado à fragmentação do poder político entre o Executivo e o Legislativo.

No terceiro capítulo, com o escopo de desenvolver a formulação de resposta ao problema, empreender-se-á o levantamento da produção teórica a respeito da natureza das normas regimentais no paradigma do Estado Liberal, contexto no qual se advogava a existência de emblemática "soberania" do Parlamento, dada a experiência inglesa que influenciou o pensamento jurídico europeu desde o século XVII. Seguindo, será analisado o impacto nas conjecturas sobre a natureza do regimento interno diante do advento do Estado Democrático de Direito, em meados do século XX, que implicou acentuada constitucionalização do direito parlamentar. A investigação a respeito da natureza jurídica do regimento será crucial para o desenvolvimento do trabalho haja vista que o objeto da pesquisa é justamente aferir a compatibilidade do regramento interno das Casas Legislativas perante a estrutura do processo político-democrático traçado pela Constituição Federal de 1988.

Enfim, no capítulo derradeiro, avaliar-se-á, de forma minuciosa, a regulamentação atualmente empreendida pelos regimentos internos das Casas do Congresso Nacional acerca das prerrogativas e funções dos líderes partidários e, em quais termos, tal disciplina normativa se mostra compatível com os pressupostos da democracia representativa e com a higidez do processo político formatado pela Constituição Federal de 1988 a partir da fundamentalidade dos partidos políticos para a concretização do jogo democrático.

# 1. O Parlamento na Democracia Representativa

## 1.1. Democracia: conceitos e caracteres fundamentais

A tentativa de resposta à pergunta "o que é a democracia?", perpassa, necessariamente, pela análise histórica. Afinal, de qual "democracia" está a se falar? Ainda: foi a "democracia" inventada? Teve uma origem definida e delimitada no tempo?

Afora os registros de adoção de um sistema rudimentar de igualdade de acesso às instâncias de decisão política nas sociedades tribais pré-históricas[5], é costume, no estudo da evolução do regime democrático, a partir da distinção exposta por Benjamin Constant (1767-1830) acerca da liberdade[6], traçar uma linha de transição entre a "democracia dos antigos" e a "democracia dos modernos"[7].

---

5 DAHL, Robert. *Sobre a democracia*. Tradução: Beatriz Sidou. Brasília: Editora Universidade de Brasília, 2001, p. 20.

6 Em trabalho intitulado "Da liberdade dos antigos comparada à dos modernos", Constant expõe a antítese entre liberalismo e democracia a partir do paradoxo entre a "liberdade dos antigos" e a "liberdade dos modernos", concluindo que: "o objetivo dos antigos era a partilha do poder social entre todos os cidadãos de uma mesma pátria. Era isso o que eles denominavam liberdade. O objetivo dos modernos é a segurança dos privilégios privados; e eles chamam liberdade as garantias concedidas pelas instituições a esses privilégios" (CONSTANT, Benjamin. *Da liberdade dos antigos comparada à dos modernos*. Tradução: Loura Silveira. Disponível em: <http://www.fafich.ufmg.br/~luarnaut/Constant_liberdade.pdf>. Acesso em: 23 set. 2015).

7 Nesse sentido: BOBBIO, Norberto. *Liberalismo e democracia*. São Paulo: Brasiliense, 2013, p. 31-36; e FERREIRA FILHO, Manoel Gonçalves. *A democracia no limiar do século XXI*. São Paulo: Saraiva, 2001, p. 03-23.

A primeira refere-se à experiência democrática em Atenas no período de 509 a.C. até 332 a.C., pela qual o povo se governava diretamente[8], tomando em assembleias as decisões.

Diante da evolução político-social e a formação de estados nações, foi reconhecida a impossibilidade de todos os cidadãos participarem pessoalmente dos negócios públicos e, assim, vislumbrada a solução da representação[9], mantida a titularidade do poder pelo povo.

Por meio de eleições é feita a escolha dos representantes e, uma vez eleitos, são investidos em mandatos para exercício do poder em nome do povo.

Com efeito, a manutenção da titularidade do poder nas mãos do povo constitui o fundamento convergente entre a democracia "dos antigos" e a "dos modernos"[10]. A diferença situa-se, portanto, no modo de exercício de tal poder[11].

Forte nesse fundamento e inspirada na ideia de Emmanuel Joseph Sieyès (1748-1836) atribuindo à "Nação" a titularidade da soberania[12], a representação e o sistema representativo foram expressamente incorporados pela via constitucional, conforme

---

8 FERREIRA FILHO, Manoel Gonçalves. A *democracia no limiar...*, p. 03-04.

9 DAHL, Robert. *Sobre a democracia...*, p. 32.

10 BOBBIO, Norberto. *Liberalismo e democracia...*, p. 34.

11 "O que se considera que foi alterado na passagem da democracia dos antigos à democracia dos modernos, ao menos no julgamento dos que veem como útil tal contraposição, não é o titular do poder político, que é sempre o "povo", entendido como o conjunto dos cidadãos a que cabe em última instância o direito de tomar as decisões coletivas, mas o modo (mais ou menos amplo) de exercer esse direito: nos mesmos anos em que, através das Declarações dos Direitos, nasce o Estado constitucional moderno, os autores do Federalista contrapõem a democracia direta dos antigos e das cidades medievais à democracia representativa, que é o único governo popular possível num grande Estado" (BOBBIO, Norberto. *Liberalismo e democracia...*, p. 31-32).

12 FERREIRA FILHO, Manoel Gonçalves. A *democracia no limiar...*, p. 16-17.

se depreende da redação do art. 2º da Constituição de 1791: "a nação, de quem emanam todos os poderes, não os pode exercer senão por delegação. A constituição francesa é representativa; os representantes são o corpo legislativo e o rei"[13].

A atual conformação dos atuais sistemas representativos do Ocidente é herança direta das experiências decorrentes da bem-sucedida revolução burguesa dos Estados Unidos da América (1776), da revolução francesa de 1789 e da reforma empreendida no Parlamento inglês em 1832 (*Reform Act*), que pôs fim aos "burgos podres" e instituiu a simetria entre população e representação[14].

É na evolução histórica do Poder Legislativo inglês que se tem mais clara a essencialidade da representação, notadamente em razão da extinção do "mandato imperativo"[15] e o desenvolvimento da autonomia do mandato parlamentar[16].

De fato, até as revoluções burguesas ocorridas em fins do século XVIII, a compreensão do "mandato político" confundia-se com a lógica do "mandato jurídico", de modo que o representante estaria vinculado aos interesses específicos de um determinado segmento social e econômico que o elegeu. A imperatividade

13 Disponível em: <http://www.fafich.ufmg.br/~luarnaut/const91.pdf>. Acesso em: 19 mai. 2015.

14 NOGUEIRA FILHO, Octaciano da Costa. *Sistemas políticos e o modelo brasileiro*. Brasília: Senado Federal, Unilegis, 2006, p. 312.

15 Sobre o tema, é válido transcrever trecho de discurso proferido por Edmund Burke em 1774 aos eleitores de Bristol: "o Parlamento não é um congresso de embaixadores que defendem interesses distintos e hostis, interesses que cada um de seus membros deve defender, como agente e advogado, contra outros agentes e advogados, senão uma assembleia *deliberante* de *uma* nação, com *um* interesse: o da totalidade que deve guiar-nos e não os interesses e prejuízos locais, mas o bem geral que resulta da razão geral de todo o conjunto" [destaque no original] (*apud* NOGUEIRA FILHO, Octaciano da Costa. *Sistemas políticos...*, p. 84).

16 Vide nesse sentido: NOGUEIRA FILHO, Octaciano da Costa. *Sistemas políticos...*, p. 314-318.

do mandato era característica do Estado estamental, socialmente segmentado, "no qual os estamentos, as corporações, os corpos coletivos transmitiam ao soberano, através de seus delegados, as suas reivindicações particulares"[17].

A proibição do mandato vinculatório torna-se fator elementar não apenas para o funcionamento do sistema parlamentar – ao garantir autonomia aos representantes eleitos –, mas, também, para viabilizar condições de efetivo reconhecimento à cidadania dos integrantes de uma nação, que passam a ser reconhecidos como indivíduos em si mesmos e não como membros de uma determinada corporação[18].

Incisivas críticas à democracia representativa foram proferidas pelos filósofos políticos ainda no século XVIII, a exemplo de Jean-Jacques Rousseau, que, na obra "O Contrato Social" afirma sua contrariedade ao parlamentarismo britânico[19], considerando que

---

17 BOBBIO, Norberto. *Liberalismo e democracia...*, p. 35.

18 "A dissolução do Estado de estamento liberta o indivíduo na sua singularidade e na sua autonomia: é ao indivíduo na sua singularidade e na sua autonomia: é ao indivíduo enquanto tal, não ao membro de uma corporação, que cabe o direito de eleger os representantes da nação – os quais são chamados pelos indivíduos singulares para representar a nação em seu conjunto e devem, portanto, desenvolver sua ação e tomar suas decisões sem qualquer vínculo de mandato. Se por democracia moderna entende-se a democracia representativa, e se à democracia moderna pressupõe a atomização da nação e sua recomposição num nível mais elevado e ao mesmo tempo mais restrito que é o das assembleias parlamentares" (BOBBIO, Norberto. *Liberalismo e democracia...*, p. 36).

19 Registra Robert Dahl que Rousseau, na verdade, apenas na obra "o Contrato Social", considerou a representação algo totalmente inaceitável, porquanto, "[e]m sua obra anterior, ele a via como uma solução sensata; o mesmo ocorreu na obra seguinte. Suponho que para ele, como para nós, era óbvio que, sem os governos representativos, a Polônia e a Córsega, por exemplo, jamais poderiam ser repúblicas" (DAHL, Robert. *A democracia e seus críticos*. São Paulo: WMF Martins Fontes, 2012, p. 358).

a escolha de representantes por parte do povo inglês, nada mais é senão, a substituição de um regime de servidão por outra[20].

Em sentido contrário a Rousseau, o liberal francês François Guizot (1787-1874), na obra "História das origens do governo representativo na Europa", apresenta profunda justificação histórica e filosófica do parlamentarismo e da representação, defendendo, em suma, que o poder estatal não se fundamenta na soberania de direito como valor intrínseco, mas sim na prova de sua legitimidade quando exercido de maneira transparente, livre e quando se harmoniza com a razão[21].

Sob um ponto de vista mais pragmático, Robert Dahl compreende ser a representação "a solução óbvia para um problema que, de outra forma, seria insolúvel"[22]. Afinal, como viabilizar um processo democrático em uma sociedade de massas e nações de grandes extensões territoriais?

---

20 "O povo inglês pensa ser livre e muito se engana, pois só o é durante a eleição dos membros do parlamento; uma vez estes eleitos, ele é escravo, não é nada. Durante os breves momentos de sua liberdade, o uso, que dela faz, mostra que merece perdê-la [...] Afirmo, pois, que a soberania, não sendo senão o exercício da vontade geral, jamais pode alienar-se, e que o soberano, que nada é senão um ser coletivo, só pode ser representado por si mesmo. O poder pode transmitir-se; não, porém, a vontade" (ROUSSEAU, Jean-Jacques. *Do Contrato Social*. Tradução: Lourdes Santos Machado. São Paulo: Abril Cultural, 1973, p. 43-44 e 108).

21 GUIZOT, François. *História das origens do governo representativo na Europa*. Rio de Janeiro: Topbooks, 2008, p. 558-560: "Aquilo que chamamos de representação nada mais é que um meio de chegar a esse resultado; não é uma máquina aritmética usada para coletar e contar vontades individuais, e sim um processo natural pelo qual a razão pública, a única que tem o direito de governar a sociedade, possa ser extraída do próprio seio da sociedade [...] [O] poder só é legítimo na medida em que se harmoniza com a razão [...] Portanto, nenhum poder real deve ser absoluto, e a liberdade só é garantida na medida em que o poder está obrigado a provar a sua legitimidade. O poder prova sua legitimidade, isto é, sua conformidade com a razão eterna, fazendo-se reconhecer e aceitar pela razão livre dos homens sobre os quais ele é exercido. Esse é o objetivo do sistema representativo".

22 DAHL, Robert. A *democracia e seus críticos*..., p. 359.

Com efeito, as críticas e reservas ao sistema representativo impulsionaram a instituição de práticas tendentes a favorecer a participação política do povo, seja intensificando a relação entre governantes e governados – até por meio da institucionalização dos partidos políticos (vide tópico 1.4) –, seja estabelecendo instrumentos de participação direta (plebiscito, referendo, veto popular e outros quetais)[23].

Daí emerge a importância da construção de um sistema eleitoral no qual a igualdade entre os cidadãos seja devidamente observada no sentido de garantir o pleno direito do cidadão de votar, concorrer a cargos públicos, se expressar e ter acesso a fontes alternativas de informação[24].

Nas palavras de Ferreira Filho, "a eleição é a chave do regime, porque ela é o instrumento pelo qual se exprimem os desejos dos governados, pelo qual formulam estes a sua escolha quanto à atribuição do Poder"[25].

Contudo, o sufrágio universal por si só não garante a democracia. A bem da verdade, as "eleições são a condição indispensável, mas não suficiente para que haja democracia"[26], sendo mister garantir condições materiais e procedimentais para a participação efetiva dos cidadãos no processo de decisão política.

Dada a difusão de ideias a respeito da democracia, a identificação de critérios elementares para a consideração de um governo como democrático na sociedade contemporânea se faz necessária. Nesse intento, Robert Dahl elenca cinco critérios básicos para um processo democrático, ou seja, para a satisfação da "exigência de

---

23 Nesse sentido: FERREIRA FILHO, Manoel Gonçalves. *A democracia no limiar...*, p. 21-23.

24 DAHL, Robert. *A democracia e seus críticos...*, p. 369.

25 FERREIRA FILHO, Manoel Gonçalves. *A democracia no limiar...*, p. 29.

26 DAHL, Robert. *Sobre a democracia...*, p. 66-67.

que todos os membros estejam igualmente capacitados a participar nas decisões da associação sobre a sua política"[27], *in verbis:*

> *Participação efetiva.* Antes de ser adotada uma política pela associação, todos os membros devem ter oportunidades iguais e efetivas para fazer os outros membros conhecerem suas opiniões sobre qual deveria ser esta política.
>
> *Igualdade de voto.* Quando chegar o momento em que a decisão sobre a política for tomada, todos os membros devem ter oportunidades iguais e efetivas de voto e todos os votos devem ser contados como iguais.
>
> *Entendimento esclarecido.* Dentro de limites razoáveis de tempo, cada membro deve ter oportunidades iguais e efetivas de aprender sobre as políticas alternativas importantes e suas prováveis consequências.
>
> *Controle do programa de planejamento.* Os membros devem ter a oportunidade exclusiva para decidir como e, se preferirem, quais as questões que devem ser colocadas no planejamento. Assim, o processo democrático exigido pelos três critérios anteriores jamais é encerrado. As políticas da associação estão sempre abertas para a mudança pelos membros, se assim estes escolherem.
>
> *Inclusão de adultos.* Todos ou, de qualquer maneira, a maioria dos adultos residentes permanentes deveriam ter o pleno direito de cidadãos implícito no primeiro de nossos critérios.[28]
>
> [grifo no original]

27 DAHL, Robert. *Sobre a democracia...*, p. 49.

28 DAHL, Robert. *Sobre a democracia...*, p. 49-50.

Observa-se que a ideia central de tais critérios é assegurar que todos os membros de determinada comunidade não apenas sejam considerados como iguais, mas, também, que "estejam todos igualmente qualificados para participar das decisões, desde que tenham iguais oportunidades de aprender sobre as questões da associação pela investigação, pela discussão e pela deliberação"[29].

O catedrático de Yale é enfático ao afirmar que "quando qualquer das exigências é violada, os membros não serão politicamente iguais"[30].

Ao responder à pergunta "por que a democracia?", Dahl apresenta as vantagens da adoção do regime: evita a tirania, direitos essenciais, liberdade geral, autodeterminação, autonomia moral, desenvolvimento humano, proteção dos interesses pessoais essenciais, igualdade política, busca pela paz e prosperidade[31].

Outrossim, ante a dinâmica da representação e do caráter procedimental da democracia, é de se reconhecer a limitação do acesso efetivo ao poder, o que conduz à vital investigação em torno do protagonismo no exercício do poder governamental.

## 1.2. O protagonismo na democracia: do elitismo à poliarquia

A respeito do real protagonismo na democracia moderna, Manoel Gonçalves Ferreira Filho aduz que, de fato, "não há nem o

29 DAHL, Robert. *Sobre a democracia...*, p. 51.

30 DAHL, Robert. *Sobre a democracia...*, p. 50.

31 DAHL, Robert. *Sobre a democracia...*, p. 58-74.

governo de um só, nem o da maioria: todo governo é sempre exercido por uma minoria"[32].

Tal afirmação lastreia-se na formulação central da chamada "Teoria das Elites", engendrada por Gaetano Mosca, Vilfredo Pareto e Maurice Duverger. De acordo com a corrente "elitista", em toda a sociedade, existe, sempre e apenas, uma minoria que, por várias formas, é detentora do poder, em contraposição a uma maioria que dele está privada[33].

Conforme célebre afirmação de Maurice Duverger, *in verbis*:

> Vivemos noções absolutamente irreais da democracia, forjadas pelos juristas com base nos filósofos do século XVIII. "Governo do povo pelo povo", "governo da nação pelos seus representantes": bonitas fórmulas, próprias para despertar entusiasmo e facilitar os jogos oratórios; bonitas fórmulas que nada significam. **Nunca se viu, nunca se verá um povo governar-se a si mesmo. Todo Governo é oligárquico, comportando, necessariamente, o domínio de um grande número por um pequeno.**[34] [grifou-se]

Nesse sentido, reconhece Ferreira Filho ser inegável, nas chamadas "democracias representativas modernas", a formação de uma elite governante, cujos critérios de diferenciação em relação à "massa" são de diversas matizes: material, intelectual, hereditária, moral e, até mesmo, religiosa. A depender de suas notas caracte-

32 FERREIRA FILHO, Manoel Gonçalves. *Sete vezes democracia*. São Paulo: Convívio, 1977, p. 18.

33 BOBBIO, Norberto. Democracia. In. BOBBIO, Norberto; MATTEUCCI, Nicola; PASQUINO, Gianfranco. *Dicionário de Política*. Brasília: Editora Universidade de Brasília, 1998, p. 325-326.

34 DUVERGER, Maurice. *Os Partidos Políticos*. Tradução: Cristiano Monteiro Oiticica. Rio de Janeiro: Editora Guanabara, 1987, p. 457.

rísticas, tais elites ou minorias podem ser qualificadas em duas espécies: "minoria democrática" e "minoria oligárquica"[35].

Para tanto, Ferreira Filho pontua a existência de três critérios elementares para a caracterização dos dois tipos de "minorias": 1) o objetivo buscado pelo governo, se o escopo for o interesse geral e o bem comum, haverá traço democrático. Se a busca for pelo bem próprio dos governantes e da própria elite, tem-se nota oligárquica; 2) quanto ao espírito de que é imbuída a elite, se há a convicção de que o bem comum sobreleva o bem particular, há um caráter democrático. Se se constata uma mentalidade egoística, evidencia-se o caráter oligárquico; 3) quanto à circularidade entre a elite e a massa, se há uma tendência de estabilidade e manutenção do controle por uma minoria fechada, há oligarquia. Se ocorre uma tendência à circulação pelo mérito, há prática democrática[36].

> [H]á *Democracia*, do ângulo da Ciência Política, sempre que o governo cabe a uma *minoria democrática*. O que quer dizer uma minoria que põe como meta da ação governamental o *bem comum*; o que presume seja ela de *espírito democrático*; aberta ao acaso de indivíduos provenientes da massa, o que significa prevalecer a *tendência democrática*; selecionada para os postos de mando, de baixo para cima, ou seja, segundo o *princípio democrático*.[37] [grifo no original]

Com efeito, a livre circulação entre a elite e a massa parece ser para Ferreira Filho o ponto crucial para a construção da democracia, porquanto, "somente com essa circulação sem freios indevidos é que será a elite constituída pelos que

35 FERREIRA FILHO, Manoel Gonçalves. *Sete vezes democracia...*, p. 18-20.

36 FERREIRA FILHO, Manoel Gonçalves. *Sete vezes democracia...*, p. 21-22.

37 FERREIRA FILHO, Manoel Gonçalves. *Sete vezes democracia...*, p. 22.

têm o mérito necessário para tanto. Aí, então, haverá elite mas sem privilégio"[38].

A concepção elitista da democracia é diretamente confrontada com a perspectiva "pluralista", reconhecidamente capitaneada por Robert Dahl. Em obra específica sobre o tema, denominada "Uma Crítica do Modelo de Elite Dirigente", afirma ser impossível comprovar cientificamente a "Teoria das Elites", dada a inviabilidade prática de estabelecimento de critérios de testabilidade da hipótese[39].

Robert Dahl, sem negar a formação de elites, busca evidenciar a incapacidade de comprovação empírica da existência de apenas uma única e determinada minoria hegemônica em um sistema democrático. Da mesma forma, aponta a falibilidade de demonstrar a prevalência inexorável das preferências políticas de uma elite.

Postas as críticas às formulações elitistas, Dahl defende que, a partir de um equilíbrio de forças presente em uma sociedade plural, nenhum grupo social está em condições de eliminar os demais. Portanto, não haveria nas democracias modernas uma única elite, mas sim diversas minorias concorrentes entre si e que, inclusive, ostentam o poder de influenciar decisões políticas[40]. Com efeito, "as chances da

---

38 FERREIRA FILHO, Manoel Gonçalves. *Sete vezes democracia...*, p. 26.

39 "A hipótese da existência de uma elite dirigente pode ser estritamente testada somente se: 1) A elite dirigente hipotética é um grupo bem definido. 2) Há uma quantidade razoável de casos envolvendo decisões políticas fundamentais nos quais as preferências da elite dirigente hipotética se chocam com as preferências de qualquer outro grupo provável que possa ser sugerido. 3) Em tais casos, as preferências da elite regularmente prevalecem" (DAHL, Robert. Uma Crítica do modelo de Elite Dirigente. In: AMORIM, Maria Estella (org.). *Sociologia Política* II. Rio de Janeiro: Zahar Editores, 1970, p. 96).

40 LIMONGI, Fernando. Prefácio. In: DAHL, Robert. *Poliarquia*: Participação e Oposição. São Paulo: Editora da Universidade de São Paulo, 1997, p. 19.

democracia, portanto, dependeriam do grau de pluralismo da sociedade. Este, por seu turno, independeria do processo histórico de desenvolvimento"[41].

Para Norberto Bobbio, o axioma fundamental de um sistema pluralista consiste no fato de que, em vez de um único centro de poder soberano, é preciso que haja muitos centros, dos quais nenhum possa ser inteiramente soberano[42].

Tendo em vista os pressupostos básicos anteriormente apresentados para se classificar um governo como democrático, Robert Dahl enfatiza a necessidade de se desenvolver uma teoria da "poliarquia", diversa da "democracia", porquanto, esse conceito evoca um tipo ideal, que remete à concepção grega original[43] de participação direta[44]. Logo, a democracia é vista como um processo ascendente de contestação pública aliada à expansão dos direitos de participação[45]. Forte na ideia da intersecção entre os eixos "competição" e "participação", afirma ser a democracia fruto de cálculo de custos e benefícios feito por atores políticos em conflito[46].

---

41 LIMONGI, Fernando. Prefácio. In: DAHL, Robert. *Poliarquia...*, p. 19.

42 BOBBIO, Norberto. Pluralismo. In. BOBBIO; MATTEUCCI; PASQUINO, Gianfranco. *Dicionário de Política...*, p. 931.

43 Ao fazer referência ao "modelo grego de democracia", Dahl reconhece a diferença entre a democracia grega efetivamente praticada e a "pólis idealizada" (DAHL, Robert. *A democracia e seus críticos...*, p. 356).

44 DAHL, Robert. *Poliarquia*: Participação e Oposição. São Paulo: Editora da Universidade de São Paulo, 1997, p. 25-26.

45 DAHL, Robert. *Poliarquia...*, p. 29.

46 "A manutenção da democracia não depende da adesão prévia dos atores sociais a determinados valores. A adesão às regras democráticas é circunstancial, contingente. Depende, sobretudo, de considerações estratégicas. Com isso, Dahl abre espaço para que os atores políticos e suas escolhas passem a fazer parte do quadro explicativo. Atores políticos tomam decisões, antecipam as consequências de seus atos, escolhem instituições políticas; em uma palavra, agem politicamente. E

Na concepção de Robert Dahl, a democracia poliárquica é um sistema político dotado de seis instituições democráticas básicas, *in verbis*:

> *Funcionários eleitos.* O controle das decisões do governo sobre a política é investido constitucionalmente a funcionários eleitos pelos cidadãos.
>
> *Eleições livres, justas e frequentes.* Funcionários eleitos são escolhidos em eleições frequentes e justas em que a coerção é relativamente incomum.
>
> *Liberdade de expressão.* Os cidadãos têm o direito de se expressar sem o risco de sérias punições em questões políticas amplamente definidas, incluindo a crítica aos funcionários, ao governo, ao regime, à ordem socioeconômica e à ideologia prevalecente.
>
> *Fontes de informação diversificadas.* Os cidadãos têm o direito de buscar fontes de informação diversificadas e independentes de outros cidadãos, especialistas, jornais, revistas, livros, telecomunicações e afins.
>
> *Autonomia para as associações.* Para obter seus vários direitos, até mesmo os necessários para o funcionamento eficaz das instituições políticas democráticas, os cidadãos também têm o direito de formar associações ou organizações relativamente independentes, como também partidos políticos e grupos de interesses.
>
> *Cidadania inclusiva.* A nenhum adulto com residência permanente no país e sujeito a suas leis podem ser nega-

---

a maneira como atuam desempenha um papel decisivo na obtenção e na manutenção da democracia" (LIMONGI, Fernando. Prefácio. In: DAHL. *Poliarquia*..., p. 21-22).

> dos os direitos disponíveis para os outros e necessários às cinco instituições políticas anteriormente listadas.[47]
>
> (grifo no original)

Tais instituições são necessárias para a satisfação dos cinco critérios de um processo democrático elencados por Dahl: a) participação efetiva; b) igualdade de voto; c) entendimento esclarecido; d) controle do programa de planejamento; e) inclusão dos adultos[48].

De se notar que as mencionadas instituições básicas da democracia poliárquica podem servir como parâmetro de aferição da caracterização dos governos dos países modernos como poliarquias ou não. Assim, Dahl desenvolve uma metodologia de classificação aproximada conforme o grau de incidência das instituições democráticas básicas[49].

Para tanto, o mestre de Yale identificou quatro diferentes modalidades de regimes políticos: a) hegemonias fechadas: ausência de contestação política e de direito à participação; b) hegemonias inclusivas: há participação política, mas a contestação é inexistente; c) oligarquias competitivas: ocorrem eleições competitivas, contudo não há efetiva inclusão política; d) poliarquias: há coexistência de contestação política e direito à participação[50].

Outrossim, é possível compreender as poliarquias como "regimes relativamente (mas incompletamente) democratizados", ou então, "regimes que foram substancialmente popularizados e li-

---

47 DAHL, Robert. *Sobre a democracia...*, p. 99-100.

48 DAHL, Robert. *Sobre a democracia...*, p. 49-50.

49 DAHL, Robert. *A democracia e seus críticos...*, p. 352.

50 DAHL, Robert. *Poliarquia...*, p. 28-31.

beralizados, isto é, fortemente inclusivos e amplamente abertos à contestação pública"[51].

Note-se que a igualdade política é a exigência basilar de um regime democrático[52], posto que, somente a partir dela é possível efetivar as seis instituições democráticas expostas por Dahl e acima transcritas. Para a garantia da igualdade, um sistema de direitos se mostra inerente à democracia[53].

Dahl é enfático ao estabelecer que democracia poliárquica difere da democracia representativa com o sufrágio restrito – cujos exemplos mais significativos são observados no século XIX – e, dada a impossibilidade de aplicabilidade prática do tipo ideal de "democracia direta", afirma ser a poliarquia "o governo democrático na grande escala do país ou estado-nação" modernos[54].

Em termos gerais, a poliarquia é observada pela existência de uma pluralidade de organizações que travam entre si uma concorrência pela predileção dos eleitores (cidadãos adultos

---

51 DAHL, Robert. *Poliarquia...*, p. 31.

52 DAHL, Robert. *Sobre a democracia...*, p. 50-51: "[O] princípio da igualdade política pressupõe que os membros estejam todos igualmente qualificados para participar das decisões, *desde que* tenham iguais oportunidades de aprender sobre as questões da associação pela investigação, pela discussão e pela deliberação". [grifo no original]

53 "Os direitos estão entre os blocos essenciais da construção de um processo de governo democrático [...] Veja o que requer o critério de igualdade de voto: os cidadãos devem ter um *direito* de votar e de ter votos contados com justiça. O mesmo acontece com as outras normas democráticas: é evidente que os cidadãos devem ter um *direito* de investigar as opções viáveis, um *direito* de participar na decisão de *como* e o *que* deve entrar no planejamento – e assim por diante [...] Para satisfazer as exigências da democracia, os direitos nela inerentes devem *realmente* ser cumpridos e, na prática, devem estar à disposição dos cidadãos. Se não estiverem, se não forem compulsórios, o sistema político não é democrático, apesar do que digam seus governantes, e as "aparências externas" de democracia serão apenas fachada para um governo não-democrático" [grifo no original] (DAHL, Robert. *Sobre a democracia...*, p. 62).

54 DAHL, Robert. *Sobre a democracia...*, p. 106.

considerados politicamente iguais) e, assim, por influência nas decisões políticas[55].

O pluralismo se evidencia no embate entre grupos organizados pelo alcance do poder via processo eleitoral e, posteriormente, o conflito existente nos procedimentos de tomada de decisões políticas. Para o professor de Yale, as eleições salvaguardam a soberania popular e a igualdade política, além de garantir o controle social[56].

Na transição de regimes hegemônicos e oligárquicos para a poliarquia observa-se o aumento das oportunidades de efetiva participação e contestação e, assim, a elevação da quantidade de indivíduos, grupos e interesses cujas preferências são tomadas em conta nas decisões políticas. Logo, em tal perspectiva, há novas possibilidades de conflito, tendo em vista a perspectiva dos governantes serem substituídos por representantes de outros grupos recém-incorporados à arena política[57]. Com efeito, "quanto maior o conflito entre governo e oposição, mais provável é o esforço de cada parte para negar uma efetiva oportunidade de participação à outra nas decisões políticas"[58].

Diante da dificuldade de tolerância dos governos para com os seus opositores, Dahl formula três axiomas.

55 "A poliarquia é uma ordem política que, em âmbito mais geral, distingue-se por duas características amplas: a cidadania é extensiva a um número relativamente alto de adultos e os direitos de cidadania incluem não apenas a oportunidade de opor-se aos funcionários mais altos do governo, mas também a de removê-los de seus cargos por meio do voto" (DAHL, Robert. *A democracia e seus críticos*..., p. 350).

56 DAHL, Robert. *Um Prefácio à Teoria Democrática*. Rio de Janeiro: Jorge Zahar, 1989, p. 130-131.

57 DAHL, Robert. *Poliarquia*..., p. 36.

58 DAHL, Robert. *Poliarquia*..., p. 36.

> AXIOMA 1. A probabilidade de um governo tolerar uma oposição aumenta com a diminuição dos custos esperados da tolerância.
>
> Entretanto, um governo deve considerar também o quanto lhe custaria suprimir uma oposição; pois ainda que a tolerância cobre um preço, a supressão poderia custar muito mais e ser, obviamente, estúpida. Portanto:
>
> AXIOMA 2. A possibilidade de um governo tolerar uma oposição aumenta na medida em que crescem os custos de sua eliminação.
>
> Assim, as possibilidades de um sistema político mais competitivo surgir ou durar podem ser pensadas como dependentes de dois conjuntos de custos:
>
> AXIOMA 3. Quanto mais os custos da supressão excederem os custos da tolerância, tanto maior a possibilidade de um regime competitivo.
>
> [...]
>
> Quanto mais baixos os custos da tolerância, maior a segurança do governo. Quanto maiores os custos da supressão, maior a segurança da oposição. Conclui-se daí que as condições que proporcionam um alto grau de segurança mútua para o governo e as oposições tenderiam a gerar e preservar oportunidades mais amplas para as oposições contestarem a conduta do governo.[59]

Face ao que foi posto, é dado afirmar que o estabelecimento e a manutenção da poliarquia demandam um equacionamento adequado dos custos de tolerância e de supressão[60], segundo o qual

59 DAHL, Robert. *Poliarquia...*, p. 36-37.

60 "A democratização não é um processo social ou econômico, mas político, desencadeando-se quando o custo da repressão, para o poder público, excede o custo

tanto a oposição quanto o governo sentem-se mais propensos a aceitar as regras do jogo competitivo do que a destruí-las[61].

Em virtude de uma conjuntura mais participativa, grupos até então marginalizados do processo político têm seu apoio almejado pelas classes políticas, o que implica mudanças substantivas no sistema partidário[62].

Ademais, com o alargamento das perspectivas de organização e expressão de interesses setoriais e específicos, maior será a probabilidade de que eles sejam representados politicamente. Ou seja, "quanto maiores as oportunidades de expressar, organizar e representar preferências políticas, maior a variedade de preferências e interesses passíveis de representação na política"[63].

A organização partidária e a mobilização para o angariamento de simpatizantes e grupos que representam certo capital político

---

da tolerância. Nesta formulação, Dahl supera o voluntarismo liberal, ao argumentar que a mudança política é fruto de práticas e não consequência da evolução natural" (ABU-EL-HAJ, Jawdat *apud* PEREIRA, Antonio Kevan Brandão. Teoria democrática contemporânea: o conceito de Poliarquia na obra de Robert Dahl. In: 38º Encontro da Associação Nacional de Pós-Graduação e Pesquisa em Ciências Sociais, 2014, Caxambu. Disponível em: <http://www.anpocs.org/portal/index.php?option=com_docman&task=doc_view&gid=9208&Itemid=456>. Acesso em: 05 mai. 2015).

61 PEREIRA, Antonio Kevan Brandão. Teoria democrática contemporânea...

62 "A competição e a inclusividade provocam mudanças no próprio sistema partidário. As mudanças mais drásticas e visíveis ocorrem, certamente, quando um regime hegemônico de partido único é rapidamente substituído por uma poliarquia: a hegemonia do partido único repentinamente cede lugar a dois ou mais partidos concorrentes, como na Itália, na Alemanha e no Japão no final da Segunda Guerra Mundial. Países onde as oportunidades de participação e contestação se expandem durante um período mais longo apresentam um desenvolvimento um tanto similar em câmera lenta. Quando o sufrágio vai além dos notáveis e de sua clientela, os velhos partidos e facções baseados principalmente nas relações sociais entre os notáveis – em laços familiares, de classe, residência, estilo de vida, e tradição – são substituídos ou suplementados por partidos mais eficazes em atrair as classes médias" (DAHL, Robert. *Poliarquia*..., p. 44).

63 DAHL, Robert. *Poliarquia*..., p. 46.

promovem um desenvolvimento da politização do eleitorado[64]. Para ampliação da possibilidade de cooptação, as agremiações partidárias passam a se estruturar em nível local, regional e nacional. E, nesse viés, a "mudança na organização dos partidos e sua crescente penetração em áreas urbanas e rurais provocam mudanças ainda maiores na vida política. Intensificam-se a competição e a participação política"[65].

## 1.3. A democracia representativa nos tempos atuais: pluralismo, participação, cidadania e consenso

Críticas de diversos matizes e intensidades foram desferidas em relação ao sistema representativo e à própria essência do Parlamento. Mas é na obra do filósofo alemão Carl Schmitt que reside a mais radical contrariedade ao parlamentarismo.

Entende Schmitt que a articulação promovida no século XIX entre a democracia e o liberalismo teria gerado um regime inviável, posto que fundado em princípios políticos opostos e na ideia de cisão entre "Estado" e "sociedade"[66].

A crítica schmittiana centra-se no combate ao liberalismo que, para o jurista germânico, inviabiliza o processo político e democrático por dotar a liberdade individual como valor absoluto[67].

64 "[N]a medida em que um sistema torna-se mais competitivo ou mais inclusivo, os políticos buscam o apoio dos grupos que agora podem participar mais facilmente da vida política" (DAHL, Robert. *Poliarquia...*, p. 43).

65 DAHL, Robert. *Poliarquia...*, p. 45.

66 SCHMITT, Carl. *O guardião da Constituição*. Tradução: Geraldo de Carvalho. Belo Horizonte: Del Rey, 2007, p. 120-121.

67 SCHMITT, Carl. *O conceito do político*. Tradução: Geraldo de Carvalho. Belo Horizonte: Del Rey, 2008, p. 75-77.

Nessa senda, identifica o parlamentarismo como expressão do "sistema metafísico liberal", estabelecido em um processo dinâmico e dialético de confronto de opiniões divergentes, cujo objetivo é a "eterna discussão"[68].

A bem da verdade, Schmitt é refratário aos modelos preconizados pelo liberalismo que, sob a crença na necessidade de manutenção da diversidade, advogam a divisão de poderes e funções dentro do próprio Estado, evitando a consolidação de um poder soberano uno e absoluto[69]. Daí sua crítica aos fundamentos da tripartição de poderes e da própria divisão do Legislativo em duas câmaras distintas e a cisão interna entre governo e oposição[70].

Na visão de Schmitt, há democracia quando existe identidade da lei com a vontade popular, não podendo essa ser reduzida a procedimentos formais, devendo ser tomada em conta uma efetiva vontade popular soberana e não algo que, em teoria, lhe faça as vezes[71]. Sua preocupação preponderante é a "unidade política", condição elementar para a existência do Estado[72]. Logo, pressupõe a homogeneidade social como substância da ordem política democrática[73], não admitindo a quantificação da vontade popular mediante o sufrágio, vez que o voto traduziria uma

68 SCHMITT, Carl. *O conceito do político...*, p. 77-78; SCHMITT, Carl. *A crise da democracia parlamentar*. Tradução: Inês Lohbauer. São Paulo: Scritta, 1996, p. 34-35.

69 SCHMITT, Carl. *Teoría de la Constitución*. Tradução: Francisco Ayala. Madrid: Alianza Editorial, 2003, p. 294-296.

70 SCHMITT, Carl. *A crise da democracia parlamentar...*, p. 36.

71 SCHMITT, Carl. *O conceito do político...*, p. 103-109.

72 SCHMITT, Carl. *O conceito do político...*, p. 46: "Que o Estado é uma unidade, mais precisamente: a unidade normativa, isso se baseia no seu caráter político. Uma teoria pluralista ou é a teoria do Estado que logrou sua unidade por meio de um federalismo de ligas sociais ou é tão somente uma teoria de dissolução ou refutação do Estado".

73 SCHMITT, Carl. *A crise da democracia parlamentar...*, p. 10-11.

vontade individual e o seu conjunto não geraria uma vontade pública propriamente dita[74].

É com esteio em tal compreensão de democracia que Schmitt critica a pretensão dos liberais de calcar a legitimidade do sistema parlamentar a partir dos procedimentos assecuratórios de uma discussão pública, pressuposto para se alcançar uma verdade formal, obtida através da dialética de opiniões e interesses representados no corpo legislativo. Com efeito, o pensamento liberal acarretaria um impasse sobre a política, de modo que o individualismo afigurar-se-ia como um óbice à formação de identidades coletivas[75]. Para Schmitt, a essência do estabelecimento do critério do político, através da distinção amigo/inimigo, "reside precisamente na criação de um nós em oposição a um eles, e sempre se situa no campo das identificações coletivas"[76].

Avesso ao aspecto totalitário das reflexões de Schmitt e sustentado na ideia de heterogeneidade da composição social, Hans Kelsen apresenta um conceito relativista de democracia[77], porquanto,

---

74 SCHMITT, Carl. *A crise da democracia parlamentar...*, p. 17.

75 SCHMITT, Carl. *O conceito do político...*, p. 24-25.

76 RIBEIRO, Fernando J. Armando. Democracia representativa: problemas e reflexões. *Revista Brasileira de Estudos Políticos*, Belo Horizonte, n. 100, p. 85-102, jan./jun. 2010.

77 KELSEN, Hans. Essência e valor da democracia. In: KELSEN, Hans. *A democracia*. São Paulo: Martins Fontes, 1993, p. 105-106: "Quem considera inacessíveis ao conhecimento humano a verdade absoluta e os valores absolutos não deve considerar possível apenas a própria opinião, mas também a opinião alheia. Por isso, o relativismo é a concepção do mundo suposta pela ideia democrática. A democracia julga da mesma maneira a vontade política de cada um, assim como respeita igualmente cada credo político, cada opinião política cuja expressão, aliás, é a vontade política. Por isso a democracia dá a cada convicção política a mesma possibilidade de exprimir-se e de buscar conquistar o ânimo dos homens através da livre concorrência. Por isso, o procedimento dialético adotado pela assembleia popular ou pelo parlamento na criação das normas".

já que a homogeneidade substancial não poderá ser efetivamente alcançada, uma só verdade não seria possível[78].

O mestre de Viena sustenta sua teoria em uma concepção minimalista e procedimental de democracia, alçando a liberdade como fundamento principal e ponto de tensão entre o indivíduo e a ordem social[79]. Assim, a democracia será a "melhor forma de governo" enquanto tiver por objetivo principal assegurar a liberdade individual, sendo que o sistema democrático não se legitimaria pela verdade, mas sim pelo consenso[80].

E diante da heterogeneidade social pressuposta e da consideração de que a unidade do povo representa a unidade de atos individuais regulados e dirigidos pelo direito do Estado[81], o parlamentarismo desponta como mecanismo de formação da vontade normativa estatal[82], conciliando a exigência democrática de liberdade e o princípio da distribuição do trabalho[83].

78 KELSEN, Hans. Fundamentos da democracia. In: KELSEN, Hans. *A democracia.* São Paulo: Martins Fontes, 1993, p. 207-211.

79 KELSEN, Hans. Essência e valor da democracia..., p. 32-33.

80 "A democracia é uma forma de regime justa, pois assegura a liberdade individual. Isso significa que a democracia é um regime justo somente sob a premissa de a preservação da liberdade individual ser o fim maior. Se, em vez de liberdade individual, a segurança econômica for presumida como o fim maior, e se for possível comprovar que ela não pode ser garantida sob um regime democrático, então outra forma de regime, não mais a democracia, deverá ser aceita como justa. Outros fins exigem outros meios. Portanto, a democracia só é justificável como forma de regime relativa e não absolutamente boa" (KELSEN, Hans. *O que é justiça?*: a Justiça, o Direito e a Política no espelho da ciência. Tradução: Luís Carlos Borges. São Paulo: Martins Fontes, 2001, p. 10).

81 KELSEN, Hans. Essência e valor da democracia..., p. 37.

82 KELSEN, Hans. O problema do parlamentarismo. In: KELSEN, Hans. *A democracia.* São Paulo: Martins Fontes, 1993, p. 113.

83 KELSEN, Hans. Essência e valor da democracia..., p. 47.

> **O parlamentarismo apresenta-se, então, como uma conciliação entre a exigência democrática de liberdade e o princípio da distribuição do trabalho – causa de diferenciação e condicionante de qualquer progresso técnico-social.** Certamente procurou-se dissimular o golpe não desprezível desferido contra a ideia democrática pelo fato de ser um órgão bem diferente do povo (ainda que eleito por ele), o parlamento, que forma a vontade do Estado em lugar do povo. Sem dúvida, por um lado, não se podia aceitar seriamente, devido à complexidade das relações sociais, a forma primitiva da democracia direta, já que não era possível renunciar às vantagens da divisão do trabalho. **Quanto maior é a coletividade estatal, tanto menos o "povo" parece ter condições de exercer imediatamente a atividade realmente criadora da formação da vontade do Estado, tanto mais ele é obrigado, mesmo por razões técnicas, a limitar-se e criar e a controlar o verdadeiro aparelho da formação da vontade do Estado** [...] Para isso, recorrer-se à ficção da representação, à ideia de que o parlamento e através dele, embora no princípio parlamentar, em todas as constituições, vigore exclusivamente a regra de que os deputados não podem receber instruções obrigatórias dos próprios eleitores, o que torna o parlamento, no exercício de suas funções, juridicamente independente do povo [...] **A ficção da representação deve legitimar o parlamento sob o ponto de vista da soberania popular** [...] Seja como for, a essência do parlamentarismo, como já ficou demonstrado, também poderá ser determinada sem o recurso à ficção da representação, e seu valor poderá ser justificado como um meio técnico-social específico para a criação da ordem do Estado.[84]
>
> [grifou-se].

84 KELSEN, Hans. Essência e valor da democracia..., p. 47-49.

Com efeito, dada a impossibilidade prática de participação direta e unânime dos cidadãos[85], estando as vontades individuais formalmente representadas, é o parlamentarismo o regime por excelência para se buscar, através do debate e discussão, o consenso, sendo esse a única forma de integração social[86].

Portanto, considera Kelsen ser a democracia um modelo procedimental apto a viabilizar, juridicamente, a sintetização dos princípios da liberdade e igualdade[87], e, constituindo-se, assim, como técnica de produção do ordenamento jurídico por parte de um órgão especializado integrado por representantes eleitos por um maior número de votantes possível[88].

O caráter pluralista e relativista da teoria democrática kelseniana conduz à sua incompatibilidade com a crença em uma sociedade fundada na absoluta identidade entre seus membros, restando evidenciado o contraponto às concepções democráticas de Schmitt e Karl Marx[89], fundadas na ideia de homogeneidade de interesses do "povo".

Para Kelsen, o povo só aparece uno sob o prisma jurídico, sendo sua "unidade" (que é normativa) o resultado da submissão de todos os seus membros à mesma ordem jurídica estatal constituída "pela unidade dos múltiplos atos humanos, que representa o povo como elemento do Estado, de uma ordem social específica"[90].

---

85 KELSEN, Hans. Essência e valor da democracia..., p. 46.

86 KELSEN, Hans. Essência e valor da democracia..., p. 78: "E, se há uma forma política que ofereça a possibilidade de resolver pacificamente esse conflito de classes, deplorável mas inegável, sem leva-lo a uma catástrofe pela via cruenta da revolução, essa forma só pode ser a da democracia parlamentar, cuja ideologia é, sim, a liberdade não alcançável na realidade social, mas cuja realidade é a paz".

87 KELSEN, Hans. Essência e valor da democracia..., p. 27-28.

88 KELSEN, Hans. Essência e valor da democracia..., p. 47.

89 KELSEN, Hans. Essência e valor da democracia..., p. 78.

90 KELSEN, Hans. Essência e valor da democracia..., p. 36.

Concomitantemente à defesa do parlamentarismo, Kelsen afirma a imprescindibilidade dos partidos políticos no processo de representação e objetivação das posições doutrinárias e ideológicas existentes, atuando tais agremiações como o elo de vinculação dos interesses parciais ao interesse geral vinculado ao Estado.

> **Dada a oposição de interesses, que é da experiência e que aqui é inevitável, a vontade geral, se não deve exprimir exclusivamente o interesse de um único grupo, só pode ser a resultante, a conciliação entre interesses opostos. A formação do povo em partidos políticos na realidade é uma organização necessária a fim de que esses acordos possam ser realizados, a fim de que a vontade geral possa mover-se ao longo de uma linha média.** A hostilidade à formação dos partidos e, portanto, em última análise, à democracia, serve – consciente ou inconscientemente – a forças políticas que visam ao domínio absoluto dos interesses de um só grupo e que, na mesma medida em que não estão dispostas a levar em conta interesses opostos, procuram dissimular a verdadeira natureza dos interesses que defendem, sob a qualificação de interesse coletivo "orgânico", "verdadeiro", "bem-intencionado". **A democracia, exatamente por querer que, neste Estado de partidos, a vontade geral seja apenas a resultante da vontade dos próprios partidos, pode renunciar à ficção de uma vontade geral "orgânica" superior aos partidos.** [91]
>
> [grifou-se]

Na concepção kelseniana, os partidos políticos, por serem correlatos à pluralidade de interesses visíveis na sociedade, afiguram-

91 KELSEN, Hans. Essência e valor da democracia..., p. 39-40.

-se como instrumentos de racionalização do exercício do poder[92], cuja existência se justifica pela necessidade de realização de acordos e, assim, viabilização de consensos. São, portanto, "órgãos de formação da vontade do Estado"[93].

Em linha de pensamento semelhante daquela manifestada por Robert Dahl[94], a respeito dos pressupostos e condições para consideração de um regime como democrático, Hans Kelsen sustenta que a realização de eleições livres, periódicas e calcadas na mais ampla concorrência, é condição *sine qua non* para tal qualificação[95]. Afinal, diferentemente do que se observa em uma autocracia, a democracia caracteriza-se justamente pelo fato de ser oportunizado a qualquer cidadão pleitear o cargo de governante ou representante: "a democracia real apresenta a imagem da troca mais ou menos rápida de chefes"[96].

Com o escopo de garantir a representação da diversidade nas Casas Legislativas, Kelsen defende a adoção do sistema eleitoral proporcional, uma vez que "é preciso garantir que todos os interesses partidários tenham a possibilidade de se exprimir e concorrer, para que entre eles haja o compromisso final"[97].

A despeito de reconhecer a tendência de profusão de partidos e, em especial, a formação de pequenas agremiações e a consequente impossibilidade de constituição de uma maioria parlamentar, aduz que o sistema proporcional implica a inevitável coalizão dos partidos, superando-se as diferenças menos importantes entre os grupos e motivando a união pelos interesses comuns preponde-

---

92 KELSEN, Hans. Essência e valor da democracia..., p. 39.

93 KELSEN, Hans. Essência e valor da democracia..., p. 39.

94 DAHL, Robert. *Sobre a democracia...*, p. 99-100.

95 KELSEN, Hans. Essência e valor da democracia..., p. 94-96.

96 KELSEN, Hans. Essência e valor da democracia..., p. 95.

97 KELSEN, Hans. Essência e valor da democracia..., p. 74.

rantes[98][99]. Destarte, a "integração política que constitui a coalizão dos partidos e que se torna necessária em virtude do princípio majoritário é inevitável e de modo nenhum constitui um mal social, mas sim um progresso"[100].

No seio do Parlamento, o catedrático de Viena reconhece que o procedimento dialético-contraditório estabelece-se entre dois grupos: maioria e minoria, tendendo sempre a chegar a um compromisso[101]. Mas o conflito é sempre resolvido através do diálogo, de forma pacífica e racional, com respeito às regras do jogo democrático[102].

E, dado o salutar embate entre maioria e minoria, Kelsen defende como critério de formação da vontade a maioria simples, já que o apontamento da necessidade de consenso absoluto ou de maioria qualificada estaria mais próximo de uma compreensão avessa à heterogeneidade na composição do Parlamento, configurando, aliás, um paradoxo ao possibilitar a prevalência da vontade da minoria[103].

---

98 KELSEN, Hans. Essência e valor da democracia..., p. 74.

99 Será muito cara ao presente trabalho a compreensão de Kelsen a respeito da imprescindibilidade de formação de coalizões em sistemas pluripartidários (vide, em especial, os tópicos 2.1 e 2.2 do Capítulo 2).

100 KELSEN, Hans. Essência e valor da democracia..., p. 74.

101 KELSEN, Hans. Essência e valor da democracia..., p. 69-70.

102 KELSEN, Hans. Essência e valor da democracia..., p. 70: "Qualquer permuta, qualquer acordo é um compromisso, pois chegar a um compromisso significa chegar ao acordo. Uma rápida observação da práxis parlamentar já basta para demonstrar que o princípio majoritário se afirma no sistema parlamentar como um princípio de compromisso, de acomodamento dos antagonismos políticos. Todo procedimento parlamentar tende a criar um meio-termo entre os interesses opostos, uma resultante das forças sociais de sentido contrário. Os diversos interesses dos grupos representados no parlamento podem exprimir-se, manifestar-se publicamente, encontrando as garantias necessárias no procedimento parlamentar".

103 KELSEN, Hans. Fundamentos da democracia..., p. 179: "Liberdade política significa conformidade entre a vontade individual e a vontade coletiva expressa na ordem

Contudo, Kelsen demonstra extrema preocupação com a garantia de participação efetiva da minoria no procedimento democrático, vista como elemento preponderante na formação do consenso, daí a imprescindibilidade de salvaguardar os seus direitos por meio de um instrumento normativo dotado de supremacia no âmbito do Estado cujo escopo é, por excelência, o controle e a limitação do poder, qual seja, a Constituição[104].

Nesse ponto, a teoria kelseniana, ao tratar do papel preponderante da jurisdição constitucional na garantia das condições procedimentais democráticas, expõe sua proposta de complementariedade entre democracia e constitucionalismo. Compreende, pois, que a democracia exige procedimentos formais a serem realizados por órgãos estatais determinados[105], que, por sua vez, são objetos de controle social e jurídico[106].

---

social. Consequentemente, é o princípio de maioria simples que assegura o mais alto grau possível de liberdade política em uma sociedade. Se uma ordem não pudesse ser modificada pela vontade de uma maioria simples dos sujeitos, mas somente pela vontade de todos (ou seja, unanimemente) ou pela vontade de uma maioria qualificada (por exemplo, por um voto majoritário de dois terços ou três quartos), então um único indivíduo, ou uma minoria de indivíduos, poderia impedir uma modificação da ordem. E, então, a ordem poderia estar em desacordo com um número de indivíduos superior ao daqueles com cuja vontade ela está em conformidade".

104 KELSEN, Hans. Essência e valor da democracia..., p. 67: "[A] existência da maioria pressupõe, por definição, a existência de uma minoria e, por consequência, o direito da maioria pressupõe o direito à existência de uma minoria. Disto resulta não tanto a necessidade, mas principalmente **a possibilidade de proteger a minoria contra a maioria. Esta proteção da minoria é função essencial dos chamados direitos fundamentais e liberdades fundamentais, ou direitos do homem e do cidadão, garantidos por todas as modernas constituições das democracias parlamentares**" [grifou-se].

105 KELSEN, Hans. A garantia jurisdicional da Constituição. KELSEN, Hans. In: *Jurisdição constitucional*. São Paulo: Martins Fontes, 2007, p. 150-154.

106 "A busca político-jurídica por garantias da Constituição, ou seja, por instituições através das quais seja controlada a constitucionalidade do comportamento de certos órgãos de Estado que lhe são diretamente subordinados, como o parlamento ou o governo, corresponde ao princípio, específico do Estado de direito, isto é,

Tendo como pano de fundo os mesmos pressupostos do embate entre as teorias democráticas schmittiana e kelseniana, Chantal Mouffe entende que a homogeneidade mínima para o funcionamento da democracia adviria da adesão a princípios políticos fundamentais, como tentativa de conciliação entre os fundamentos da liberdade e igualdade. Tais princípios teriam o condão de sobrepor-se aos procedimentos e instituições formais então estabelecidos com o propósito de "produzir" a vontade do Estado e, assim, viabilizar a interpretação quanto à dimensão desses mesmos princípios[107], não se esgotando a atividade de-

---

ao princípio da máxima legalidade da função estatal [...] A função política da Constituição é estabelecer limites jurídicos ao exercício do poder. Garantia da Constituição significa a segurança de que tais limites não serão ultrapassados" (KELSEN, Hans. Quem deve ser o guardião da Constituição. KELSEN, Hans. In: *Jurisdição constitucional*. São Paulo: Martins Fontes, 2007, p. 239-240).

107 "Aí está, **parece-nos, uma via particularmente fecunda, que nos propomos a seguir, desde que essa homogeneidade requerida para o funcionamento da democracia seja vista, porém, como constituída pela adesão aos princípios políticos do regime liberal democrático: a liberdade e a igualdade. É essa identificação com esses princípios que fará com que se busque o consenso no qual se afirme a cidadania democrática.** É claro, por outro lado, que esse princípios podem dar lugar a múltiplas interpretações e que ninguém pode ter a pretensão de deter a interpretação "correta". É precisamente por essa razão que **se toma indispensável estabelecer um certo número de mecanismos e procedimentos a fim de se chegar a essas decisões e de determinar a vontade do Estado no quadro de um debate sobre a interpretação dos princípios.** Reencontramo-nos, assim, tanto com Schmitt quanto com Kelsen. Com o primeiro, já que os procedimentos não são considerados como suficientes para criar a unidade política de uma democracia e na medida em que uma unidade mais substancial é requerida; com o segundo, já que se reconhece que a vontade geral não pode jamais ser dada de forma imediata e sem a mediação de um certo número de procedimentos. Uma tal solução não seria aceita nem por Schmitt, que acredita na existência de uma verdade absoluta, nem por Kelsen, já que é contrária a sua 'teoria pura' do direito" [grifou-se] (MOUFFE, Chantal. Pensando a democracia moderna com, e contra, Carl Schmitt. Tradução: Menelick de Carvalho Netto. *Cadernos da Escola do Legislativo*, Belo Horizonte, p. 91-107, 1994, disponível em: <http://professor.ufcp.br/sites/default/files/alexandre/files/com_e_contra_carl_schmitt_-_chantal_mouffe.pdf>. Acesso em: 31 jul. 2015).

mocrática na etapa de criação das normas jurídicas, como uma ficção jurídica de vontade popular.

Adiante, Mouffe desenvolve sua compreensão apontando o erro de se considerar o pluralismo da democracia moderna como sendo um pluralismo total, na qual a única restrição existente seria um conjunto de procedimentos considerados neutros. Tal concepção, presa à ideia liberal de neutralidade do Estado, olvida a inviabilidade de "procedimentos fora de qualquer referência a normas, já que tais regras 'regulativas' só têm sentido em relação a regras 'constitutivas', que são necessariamente de uma outra natureza"[108]. Destarte, "a democracia moderna requer a afirmação de certos 'valores' que, como a igualdade e a liberdade, constituam seus 'princípios políticos'"[109].

É na busca do equilíbrio entre as visões da democracia ora como procedimento ora como veículo de identificação de valores comuns da sociedade que se destaca o trabalho de Jürgen Habermas[110] quanto à reinterpretação da proposta do "republicanismo" (soberania popular lastreada em valores éticos homogeneizados) e do "liberalismo" (direitos subjetivos reciprocamente limitados)[111].

Sem a pretensão de trazer a lume divagações mais profundas a respeito das ideias de Habermas, vale apenas salientar que sua "teoria do discurso" é calcada em elementos oriundos das concepções republicana e liberal, que são integrados para definição de um procedimento ideal de "aconselhamento" e tomada de

108 MOUFFE, Chantal. Pensando a democracia moderna...

109 MOUFFE, Chantal. Pensando a democracia moderna...

110 HABERMAS, Jürgen. *Direito e democracia*: entre facticidade e validade, vol. 1. Tradução: Flávio Beno Siebeneichler. Rio de Janeiro: Tempo Brasileiro, 2012, p. 330-354.

111 Para maiores digressões a respeito do conflito entre republicanismo e liberalismo, vide CATTONI, Marcelo. *Devido processo legislativo*. Belo Horizonte: Mandamentos, 2006, p. 83-98.

decisões. Tal procedimento teria o condão de, ao instituir uma coesão interna entre discursos de autoentendimento e justiça material, fundamentar a percepção de que, sob tais condições, são obtidos resultados racionais, justos e honestos. Assim, a razão prática é deslocada dos direitos universais do homem ou da eticidade concreta de dada comunidade e passa a ser restrita a "regras discursivas e formas argumentativas que extraem seu teor normativo da base validativa da ação que se orienta ao estabelecimento de um acordo mútuo", isso por meio da estrutura da comunicação linguística[112].

Nesse diapasão, Habermas entende a soberania popular não como resultado de valores éticos pressupostos na comunidade, mas sim como princípios intersubjetivamente partilhados a partir da ação comunicativa estabelecida entre os atores[113]. A seu turno, os direitos fundamentais liberais são percebidos como direito à participação, em igualdade de chances, "em processos de formação da opinião e da vontade, nos quais os civis exercitam sua autonomia política e através dos quais eles criam direito legítimo"[114].

Enfim, o desenvolvimento da abordagem a respeito das condições básicas da democracia tanto em Chantal Mouffe quanto em Jürgen Habermas não desqualifica a teoria democrática de Hans Kelsen, notadamente quanto ao relativismo e a defesa do

---

112 HABERMAS, Jürgen. A *inclusão do outro*: estudos de teoria política. São Paulo: Edições Loyola, 2007, p. 286.

113 "[U]ma interpretação apoiada numa teoria do discurso insiste em afirmar que a formação democrática da vontade não tira sua força legitimadora da convergência preliminar de convicções éticas consuetudinárias, e sim de pressupostos comunicativos e procedimentos, os quais permitem que, durante o processo deliberativo, venham à tona os melhores argumentos. A teoria do discurso rompe com uma concepção ética da autonomia do cidadão; por isso, ela não precisa reservar o modo da política deliberativa a um estado de exceção" (HABERMAS, Jürgen. *Direito e democracia...*, vol. 1, p. 345).

114 HABERMAS, Jürgen. *Direito e democracia...*, vol. 1, p. 159.

pluralismo, do constante debate de ideias e da busca por soluções consensuais para os impasses. E, como dito, é exatamente essa compreensão procedimentalista, relativista e minimalista que norteará a presente pesquisa.

## 1.4. Do sistema majoritário para o proporcional: a democracia partidária

Consoante alerta do professor Octaciano da Costa Nogueira Filho, "eleições e democracia são palavras associadas, mas não sinônimas. As eleições são a condição indispensável, mas não suficiente para que haja democracia"[115].

Com efeito, se reconhece nas eleições apenas um procedimento para se alcançar a democracia. Para tanto, é imprescindível garantir a participação, direta ou indireta, de todos aqueles a que a democracia diz respeito.

Chega-se, assim, ao conceito de "sistema eleitoral", entendido esse como o conjunto de normas que permite "transformar votos em cadeiras nos Parlamentos e na investidura dos demais cargos eletivos"[116]. Três são as modalidades de sistemas eleitorais: a) sistemas majoritários; b) sistemas proporcionais; c) sistemas mistos (combinação entre os dois sistemas anteriores).

Com vistas à melhor compreensão da relevância dos sistemas eleitorais, necessário se faz registrar a evolução em torno da compreensão a respeito da função das eleições entre a democracia praticada na Antiguidade (Grécia e Roma) e a observada no mundo contemporâneo, após a consagração da ideia de representação.

---

115 NOGUEIRA FILHO, Octaciano da Costa. *Vocabulário da Política*. Brasília: Senado Federal, Unilegis, 2010, p. 149.

116 NOGUEIRA FILHO, Octaciano da Costa. *Vocabulário da Política*..., p. 389.

De acordo com Manoel Gonçalves Ferreira Filho, na Grécia e em Roma, as eleições eram os instrumentos utilizados para escolha de magistrados, "sem que importassem numa relação de representação. O magistrado, uma vez escolhido, agia por direito próprio, não como representante do povo ou de um grupo qualquer"[117]. Já com a consagração do sistema representativo, as eleições são vistas como "meio de escolha de governantes, sim, mas de governantes que são considerados e vistos (conquanto às vezes não se vejam) como representantes do povo, não titulares de um Poder próprio"[118].

O sistema eleitoral mais sedimentado, antigo e singelo é o majoritário[119]. A sistemática é simples: vota-se em determinado nome ou grupo organizado e aquele que obtém o maior número de votos, sagra-se vencedor.

Todavia, "o princípio majoritário não era visto como absoluto, mas condicionado à manifestação da *sanior pars* dos votantes, ou seja, à parte mais sábia do eleitorado"[120]. Na história, são registrados diversos exemplos da restrição ao universo de cidadãos aptos a votar, como o critério censitário, observado na Inglaterra, França, Brasil e outras nações[121].

Ante o desenvolvimento das ideias liberais no curso do século XIX, foram sendo, gradativamente, atenuadas as restrições à participação política até seu "desaparecimento" com a instituição do sufrágio universal. Foi o que se verificou na Inglaterra com a

117 FERREIRA FILHO, Manoel Gonçalves..., p. 167.

118 FERREIRA FILHO, Manoel Gonçalves. A *democracia no limiar*..., p. 167.

119 FERREIRA FILHO, Manoel Gonçalves. A *democracia no limiar*..., p. 167.

120 FERREIRA FILHO, Manoel Gonçalves. A *democracia no limiar*..., p. 168.

121 FERREIRA FILHO, Manoel Gonçalves. A *democracia no limiar*..., p. 168-169.

aprovação dos chamados *Reforms bills* em 1832, 1867, 1884/1885, e em França, com a Constituição de 1848[122].

O critério de gênero persistiu por tempo considerável, visto que o sufrágio feminino somente foi instituído no apagar das luzes do século XIX: Nova Zelândia (1893), Austrália (1902), Grã-Bretanha (1918), Estados Unidos (1920), Brasil (1932), Suíça (1973), entre outros[123].

Não obstante a sua "historicidade" e a consagração do sufrágio universal, observou-se que o critério majoritário gerava alguns distorções e problemas pontuais de representatividade, em geral, envolvendo a questão da estruturação de distritos eleitorais.

A partir do modelo britânico em voga até meados do século XIX, observou-se que a eleição de apenas um representante por distrito gerava um enorme déficit de representatividade no Parlamento em vista da diferença numérica populacional entre as regiões[124]. Ademais, era inegável a ocorrência da total ausência de representação das minorias incrustadas em cada distrito. Uma tentativa de correção de tais distorções e de contextualização da realidade socioeconômica dos distritos foi realizada com a aprovação do *Reform Act*, em 1832[125].

---

122 FERREIRA FILHO, Manoel Gonçalves. *A democracia no limiar...*, p. 171.

123 FERREIRA FILHO, Manoel Gonçalves. *A democracia no limiar...*, p. 171.

124 NOGUEIRA FILHO, Octaciano da Costa. *Sistemas políticos...*, p. 83-84. Nesse sentido: "[u]ma crítica de Thomas Paine ao livro de Edmund Burke sobre a Revolução Francesa de 1789, porém, mostra as distorções desse sistema, depois que a Revolução Industrial no século XVIII mudou a configuração da sociedade e da economia inglesas e o mapa político do país já não tinha qualquer relação com o mapa econômico. Veja o que escreveu Paine: 'O Condado de Yorkshire, com um milhão de habitantes, envia dois deputados à Câmara dos Comuns; o mesmo número que o de Rutland, que não tem dez mil. A cidade de Old Sarum, que não tem três casas, também elege dois deputados e a de Manchester que tem mais de sessenta mil almas, não envia um sequer'".

125 NOGUEIRA FILHO, Octaciano da Costa. *Sistemas políticos...* , p. 83.

De todo modo, persiste a possibilidade de manipulação na composição dos distritos de modo a favorecer determinados grupos políticos de acordo com o "desenho" feito. A prática de manipulação na divisão de distritos ficou classicamente conhecida como *gerrymandering*, em alusão ao episódio ocorrido em 1812 envolvendo o então governador do estado norte-americano de Massachussets, Elbridge Gerry. Mediante participação de tal político, foi estabelecida uma nova divisão territorial no Estado com o claro objetivo de dissipar a forças dos adversários federalistas e, assim, assegurar a vitória do grupo liderado por Thomas Jefferson[126].

Diante de tais críticas, alterca Ferreira Filho que "a preocupação com a justa distribuição de cadeiras numa Câmara, entre os partidos que disputaram a eleição, levou à adoção de um outro sistema: o de representação proporcional"[127].

Informa Nogueira Filho que a concepção elementar do sistema de representação proporcional foi, originalmente, forjada por Carl Andrae com o objetivo de garantir a representação das minorias das eleições dinamarquesas de 1855. Entretanto, o advento de proposta similar apresentada pelo inglês Thomas Hare em 1857, no trabalho "O Mecanismo da Representação"[128], ofus-

---

126 NOGUEIRA FILHO, Octaciano da Costa. *Sistemas políticos...* , p. 103-104: "Um jornal local chamou a atenção para o fato de que o formato da nova divisão se assemelhava a uma salamandra (*salamander*, em inglês) e conta a tradição que o governador retrucou que a ele parecer uma 'gerrymander', (trocadilho resultante da combinação de seu sobrenome, Gerry, e a palavra salamander). Com essa nova divisão, o partido democrata conseguiu 50.164 votos e obteve 29 cadeiras na Assembleia, frente a 11 de seus adversários, a despeito deles terem conseguindo 51.766 votos. Esse recurso continuou a ser usado nos Estados Unidos e foi utilizado para diminuir ou impedir as escolhas dos eleitores negros".

127 FERREIRA FILHO, Manoel Gonçalves. *A democracia no limiar...*, p. 173.

128 NOGUEIRA FILHO, Octaciano da Costa. *Sistemas políticos...*, p. 115: "O método Andrae-Hare consistia numa modalidade ainda hoje utilizada em alguns países, denominada VUT (Voto Único Transferível), em que o eleitor elabora a sua própria lista dos candidatos em que deseja votar, ordenando-os segundo sua preferência.

cou o pioneirismo de Andrae[129]. A proposta da representação proporcional ganhou notoriedade com o interesse de John Stuart Mill que, em 1861, fez publicar a obra "Considerações sobre o Governo Representativo"[130].

A respeito da adoção efetiva do sistema proporcional, cumpre ressaltar que não prosperou no Reino Unido o sistema proposto por Carl Andrae e Thomas Hare. A bem da verdade, a despeito de algumas tentativas de adoção do sistema proporcional ao longo do século XX, a Grã-Bretanha segue praticando o sistema majoritário que sempre aplicou[131].

Após a iniciativa dinamarquesa, foi a Bélgica o primeiro país a aplicar o sistema proporcional, contudo, com uma metodologia diversa da desenvolvida por Andrae e Hare. O sistema adotado na

---

Somam-se todos os votos e os eleitos serão os mais votados em ordem decrescente, até o limite do número de vagas a preencher".

129 NOGUEIRA FILHO, Octaciano da Costa. *Sistemas políticos*..., p. 115.

130 "Uma democracia perfeitamente igual, em uma nação em que a maioria numérica é composta de uma só classe, está sempre acompanhada de certos males; mas **estes males são fortemente agravados pelo fato de que as democracias que existem atualmente não são iguais, mas sim sistematicamente desiguais, em favor da classe dominante**. Duas ideias completamente diferentes são normalmente confundidas sob o nome democracia. **A ideia pura de democracia, de acordo com a sua definição, é o governo do povo inteiro pelo povo inteiro, representado de maneira igual. A democracia, da maneira como é comumente concebida, e até agora praticada, é o governo do povo inteiro por uma mera maioria, exclusivamente representada**. A primeira ideia é sinônimo da igualdade de todos os cidadãos; a segunda, estranhamente confundida com a primeira, é um governo de privilégios, em nome da maioria numérica, que é a única a ter voz no Estado. Esta é a consequência inevitável da maneira pela qual se vota atualmente, com uma exclusão total das minorias" [grifou-se] (MILL, John Stuart. *Considerações sobre o governo representativo*. Tradução: Manoel Innocencio de Lacerda Santos Jr. Brasília: Universidade de Brasília, 1981, p. 71-72).

131 NOGUEIRA FILHO, Octaciano da Costa. *Sistemas políticos*..., p. 116-117.

Bélgica a partir de 1899, baseado na proposta de Victor D'Hondt, pautava-se na fixação de um quociente eleitoral[132].

A partir da experiência belga, o modelo alastrou-se pela Europa, atingindo, primeiramente, a Finlândia (1906) e Suécia (1907). Foi também registrado na Alemanha, durante a República de Weimar (1919-1933), e na Quarta República francesa (1946-1958). No Brasil, a adoção inicial ocorreu com o Código Eleitoral de 1932, sendo previsto o sistema proporcional para escolha de deputados federais e estaduais e de vereadores[133].

O sistema proporcional está estabelecido na equivalência entre a percentagem de votos obtida na eleição por um partido com o número de cadeiras que este obtém na Casa em questão. Por conseguinte, há uma proporcionalidade entre o número de cadeiras e o número de votos, o que favorece, sobremaneira, a mitigação do fenômeno da sub-representação.

Diante da premissa segundo a qual a eleição é o sistema oficial pelo qual o povo se manifesta em um ambiente democrático, desponta a importância do relacionamento entre o sistema eleitoral e o sistema de partidos[134].

Ferreira Filho alterca ser, atualmente, indubitável a relevância de partidos para a democracia, porquanto, tais instituições desempenham "duas tarefas instrumentais que são imprescindíveis para

---

132 NOGUEIRA FILHO, Octaciano da Costa. *Sistemas políticos...*, p. 117-122.

133 FERREIRA FILHO, Manoel Gonçalves. *A democracia no limiar...*, p. 174-175.

134 "[C]abe insistir no fato de que, nas democracias, não se pode falar em eleição sem falar em partidos políticos. Logicamente, é possível separar o processo de expressão da "vontade" popular e os grupos políticos que a articulam. Não se pode, todavia, olvidar, sob pena de cair no irreal, que as eleições, na democracia contemporânea, importam em partidos. Não raro são disputadas por partidos, no sentido de que a vinculação do candidato a um deles é decisiva, ou muito disto se aproxima. Mais, A análise dos sistemas eleitorais exige o exame do sistema de partidos. Um implica o outro, um influencia o outro, num processo de realimentação" (FERREIRA FILHO, Manoel Gonçalves. *A democracia no limiar...*, p. 166-167).

ela", quais sejam, "servir para canalizar os votos, a fim de que a eleição ganhe algum significado mais profundo, ou, levar esse significado a exprimir-se em política de governo"[135].

Maurice Duverger aponta a associação entre o desenvolvimento dos partidos ao da democracia, tendo em vista que solidificação do papel das agremiações políticas favorece a extensão do sufrágio popular e as prerrogativas parlamentares[136].

Com efeito, em um contexto de extensão do sufrágio e complexidade da estrutura socioeconômica pós-Revolução Industrial, a necessidade de materialização da representação nos sistemas políticos promoveu o desenvolvimento das agremiações partidárias que, então, passaram a suprir o primordial papel de expressão da diversidade dos interesses da massa de eleitores.

Outrossim, a partir da substituição das antigas monarquias absolutistas por parte dos regimes parlamentaristas, "sob o princípio de que 'o rei reina, mas não governa'", os partidos "assumiram a insubstituível missão de conquistar a maioria nos Parlamentos, a fim de formar os respectivos governos"[137].

As agremiações partidárias são, portanto, instrumentos de organização e canalização de interesses convergentes para disputa do acesso ao poder político no contexto de um processo altamente competitivo (o que os distingue de "grupos de pressão", que visam apenas influenciar decisões políticas), sistematizando

135 FERREIRA FILHO, Manoel Gonçalves. *A democracia no limiar...*, p. 186.

136 "Quanto mais as assembleias políticas veem desenvolver-se suas funções e sua independência, tanto mais os seus membros se ressentem da necessidade de se agruparem por afinidades a fim de agirem de comum acordo; quanto mais o direito de voto se estende e se multiplica, tanto mais se faz necessário enquadrar os eleitores por comitês capazes de tomar conhecidos os candidatos e de canalizar os sufrágios em sua direção. O nascimento dos partidos encontra-se, portanto, ligado ao dos grupos parlamentares e comitês eleitorais" (DUVERGER, Maurice. *Os Partidos Políticos...*, p. 20).

137 NOGUEIRA FILHO, Octaciano da Costa. *Sistemas políticos...* , p. 155-156.

a manifestação do eleitorado e estabelecendo um liame entre eleitores e eleitos[138].

A respeito da origem dos partidos políticos, Robert Dahl informa que a evolução se deu no âmbito dos corpos legislativos. No Parlamento inglês, as chamadas "facções" tornaram-se partidos políticos. Digladiavam-se a "posição" (governista) e a "oposição" (a "Leal Oposição de Sua Majestade"). No decorrer do século XVIII, dado o caráter associativo e a coesão sistêmica, tais facções transformaram-se em *Tories* (conservadores) e *Whigs* (liberais)[139].

Historicamente, defende Dahl, ser o Partido Republicano, fundado em 1792 por Thomas Jeffesorn e James Madison, o "primeiro partido eleitoral popularmente apoiado no mundo". Afinal, tratou-se de "um partido político que foi organizado de cima até os menores distritos, municipalidades e áreas eleitorais"[140].

Após a Segunda Guerra Mundial, em diversos países do mundo ocidental (com a exceção dos Estados Unidos da América), os partidos políticos foram alçados ao *status* constitucional, sendo reconhecidos como elemento primordial ao processo político. Diversas foram as Constituições que atribuíram papel de destaque

---

138 FERREIRA FILHO, Manoel Gonçalves. *A democracia no limiar*... p. 176-177.

139 DAHL, Robert. *Sobre a democracia*..., p. 101.

140 DAHL, Robert. *Sobre a democracia*..., p. 102.

às agremiações partidárias, entre as quais a italiana[141] (1947), alemã[142] (1949) e a francesa[143] (1958).

Tem-se, assim, o estabelecimento de um modelo de "democracia partidária", figurando o partido como peça essencial à democracia e ao processo político[144].

Contudo, a prática registrada no pós-guerra não eximiu o modelo de severas críticas por parte de sociólogos e cientistas políticos. Em razão das oligarquias dirigentes[145], a corrupção interna, a

141 Art. 49 da Constituição Italiana: "Todos os cidadãos têm direito de se associar livremente em partidos, para concorrerem, com métodos democráticos, na determinação da política nacional" (disponível em: <http://www.educazioneadulti.brescia.it/certifica/materiali/6.Documenti_di_riferimento/La%20Costituzione%20in%2015%20lingue%20(a%20cura%20della%20Provincia%20di%20Milano)/CostituzioneItaliana-Portoghese.pdf>. Acesso em: 18 mai. 2015).

142 Art. 21 da Lei Fundamental da República Federal da Alemanha: "Os partidos colaboram na formação da vontade política do povo. A sua fundação é livre. A sua organização interna tem de ser condizente com os princípios democráticos. Eles têm de prestar contas publicamente sobre a origem e a aplicação de seus recursos financeiros, bem como sobre seu patrimônio" (disponível em: <https://www.btg-bestellservice.de/pdf/80208000.pdf>. Acesso em: 18 mai. 2015).

143 Art. 4º da Constituição Francesa: "Os partidos e associações políticas contribuem para a expressão do sufrágio. Eles se formam e exercem a sua atividade livremente e devem respeitar os princípios da soberania nacional e da democracia" (disponível em: <http://www.conseil-constitutionnel.fr/conseil-constitutionnel/root/bank_mm/portugais/constitution_portugais.pdf>. Acesso em: 18 mai. 2015).

144 "Constituiu-se, então, o modelo da democracia partidária. É neste o partido político a peça essencial. O partido político, é certo, depurado de seus vícios. Com estrutura democrática, escolhidos pelas bases os seus dirigentes. Limpo de corrupção, com fontes puras de financiamento. De atuação permanente, contribuindo para a formação política do povo. De ideais democráticos, respeitoso dos demais partidos, devotado aos direitos fundamentais do homem. Buscando o poder pelo convencimento e pelo voto, jamais pela força" (FERREIRA FILHO, Manoel Gonçalves. *Sete vezes democracia...*, p. 48).

145 A respeito da crítica ao aspecto oligárquico dos partidos políticos, vide: MICHELS, Roberto. Oligarquia. In: CHARLOT, Jean. *Os partidos políticos*. Tradução: Carlos Alberto Lamback. Brasília: Editora Universidade de Brasília, 1982, p. 133-135: "O partido, enquanto formação externa, mecanismo, máquina, não se identifica

ausência de programas coerentes e a dependência face aos financiadores, a essencialidade dos partidos para a democracia conduziu ao entendimento de serem as agremiações partidárias um "mal necessário". Conforme Maurice Duverger, os partidos, "de um lado, servem para estruturar a democracia sem que outra coisa os possa substituir nesse papel; mas, por outro, contêm em si mesmos um certo número de venenos capazes de reduzi-la a nada, ou, ao menos, de deformá-la"[146].

A despeito das críticas, os partidos políticos são parte essencial dos sistemas políticos e, assim, são "variáveis condicionadas pelo sistema eleitoral"[147]. De fato, a partir da institucionalização e constitucionalização dos partidos no pós-guerra, a sociologia e a ciência política passaram a investigar a formatação de um "sistema partidário", entendido esse como a "forma como se organizam os partidos, as funções que exercem, como interagem com os demais e como se coligam na busca de votos e as coalizões de que participam, para formar, apoiar ou opor-se aos governos"[148].

O estudo seminal a respeito da relação entre os sistemas eleitorais e os sistemas partidários coube a Maurice Duverger, em sua obra pioneira "Os Partidos Políticos" (1951). Aduz que, "em definitivo, sistema de partidos e sistema eleitoral são duas realidades indissoluvelmente ligadas, muitas vezes difíceis de separar para

---

necessariamente com o conjunto dos membros inscritos, e menos ainda com a classe. Tornando-se um fim em si mesmo, atribuindo-se finalidades e interesses próprios, ele se separa pouco a pouco da classe que representa".

146 Livre tradução do autor a partir do original: "*d'une part, ils servent à l'organiser sans que rien ne puisse les remplacer dans ce rôle; d'autre part, ils renferment en eux un certain nombre de poisons capables de l'anéantir, ou tout au moins de la déformer*" (*apud* DIOP, El Hadji Omar. *Partis politiques et processus de transition démocratique en Afrique noire*. Paris: Publibook, 2006, p. 175. Disponível em: <https://books.google.com.br/books?id=6xCR3jJESAkC&lr=&redir_esc=y>. Acesso em: 20 jul. 2015).

147 NOGUEIRA FILHO, Octaciano da Costa. *Vocabulário da Política*..., p. 391.

148 NOGUEIRA FILHO, Octaciano da Costa. *Vocabulário da Política*..., p. 391.

análise", de sorte que "o modo de escrutínio orienta num mesmo sentido as estruturas de todos os partidos de um país"[149].

O sociólogo e cientista político francês, após classificar os sistemas partidários em dois (bipartidarismo e pluripartidarismo), apresentou uma correlação entre esses e os sistemas eleitorais, formulando as famigeradas "leis de Duverger", *in verbis:*

> 1ª) A representação proporcional tende a estabelecer um sistema de partidos múltiplos, rígidos, independentes e estáveis (salvo o caso de movimentos passionais); 2ª) o escrutínio majoritário em dois turnos tende a estabelecer um sistema de partidos múltiplos, flexíveis, dependentes e relativamente estáveis (em todos os casos); 3º) o escrutínio majoritário num turno único tende a estabelecer um sistema dualista, com a alternância de dois grandes partidos independentes.[150]

As proposições de Duverger apesar de, ao longo do tempo, serem criticadas e revisadas, constituem, ainda, elemento essencial para análise dos subsistemas políticos: eleitoral, partidário e de governo. Considerando que a obra foi escrita há mais de meio século, "é natural que as mudanças históricas tornassem os dados em que se apoiou muito diferentes da configuração que eles têm hoje, sem que isso, no entanto, invalidasse suas conclusões"[151].

Tal base teórica é fundamental para esquadrinhar os apontamentos a respeito da proliferação de partidos nos sistemas proporcionais, em especial quanto às propostas de instituição de mecanismos moderadores da profusão partidária, comumente deno-

149 DUVERGER, Maurice. *Os Partidos Políticos...*, p. 241.

150 DUVERGER, Maurice. *Os Partidos Políticos...*, p. 241.

151 NOGUEIRA FILHO, Octaciano da Costa. *Sistemas políticos...* , p. 169.

minados "cláusula de barreira", "cláusulas de exclusão" ou, ainda, "cláusulas de desempenho".

As reticências quanto ao fracionamento e fragmentação partidária se acentuam no caso brasileiro[152], país onde se adota o sistema proporcional, sem cláusula de desempenho, para as eleições de formação dos corpos legislativos[153]. Vale ressalvar a consideração no sentido de que o quociente eleitoral seria uma espécie de cláusula de desempenho[154].

Apesar de diversas tentativas, os projetos de instituição de cláusulas de barreira sufragaram no Brasil, seja por decisão do Poder Legislativo, seja em razão do entendimento do Supremo Tribunal Federal, segundo o qual contraria a Constituição Federal a "lei que, em face da gradação de votos obtidos por partido político,

152 "Nos sistemas multipartidários, não necessariamente, mas quase sempre, o partido vitorioso nas eleições não detém a maioria do Parlamento. Abre-se, então, um complexo jogo de negociações tendentes a aglutinar dois ou mais partidos que venham a possibilitar o exercício do governo. [...] Acontece, entretanto, que estas vantagens têm o seu custo. Em primeiro lugar, aumentam os poderes dos representantes do povo, na medida em que é livre o jogo de coligações por eles levadas a efeito que vai determinar a formação da maioria parlamentar [...]. De outra parte, estas coligações vêm muitas vezes acompanhadas de uma indesejável instabilidade, já que, formadas pelos próprios partidos, podem também por eles ser desfeitas a qualquer momento. Esta circunstância é grave tanto no presidencialismo como no parlamentarismo. [...] No presidencialismo, o esfacelamento partidário leva à inevitável fraqueza do órgão legislativo, que pode mais facilmente se ver atingido nas suas imunidades, privilégios e competências. Isto quando não se dá o inverso [...], por falta de maioria no Legislativo, o Executivo se vê a braços com a impossibilidade de exercer plenamente a função governativa em razão da obstrução aos seus projetos de lei" (BASTOS, Celso Ribeiro; MARTINS, Ives Gandra. *Comentários à Constituição de 1988*: promulgada em 5 de outubro de 1988, vol. 2. São Paulo: Saraiva, 1989, p. 605).

153 Nesse sentido, vide FERREIRA FILHO, Manoel Gonçalves. *A democracia no limiar...*, p. 187-188.

154 Nesse sentido: REIS, Marisa Amaro dos. Cláusula de desempenho e fortalecimento dos sistemas representativo e partidário no Brasil. *Estudos Eleitorais*, vol. 9, n. 1, p. 90-103, jan./abril. 2014.

afasta o funcionamento parlamentar e reduz, substancialmente, o tempo de propaganda partidária gratuita e a participação no rateio do Fundo Partidário"[155].

Em sentido contrário às reservas quanto ao pluripartidarismo pátrio, o cientista político Fabiano Santos afirma que o Brasil possui "um sistema partidário estabilizado, com taxas de volatilidade[156] cadentes, girando em torno de 4 a 5 partidos em equilíbrio de condições e que expressa a pluralidade social radicada na sociedade"[157]. Destarte, diante de índices de volatilidade semelhantes daqueles observados nas chamadas "democracias consolidadas", a fragmentação política no Brasil não está a revelar um cenário de profusão partidária desmedida, mas sim um contexto de pluralismo político, próprio de um país de grande extensão territorial e caracterizado por uma história diversidade econômica, social e política[158].

155 BRASIL. Supremo Tribunal Federal. *Acórdão na Ação Direta de Inconstitucionalidade n. 1.351/DF*. Relator: MELLO, Marco Aurélio Mendes de Farias. Publicado no DJ de 30/03/2007, p. 68.

156 "Na literatura, a volatilidade eleitoral é utilizada para mensurar os padrões de variação do apoio eleitoral às ofertas do sistema partidário [...] Seu índice mede a oscilação das preferências eleitorais agregadas em dois pares de eleições consecutivas e permite perceber como o apoio ao sistema partidário mantém-se, ou não, estável ao longo do tempo. De acordo com essa perspectiva, quanto menos oscilante – e em patamares mais baixos – a volatilidade eleitoral permanecer, mais institucionalizado será o sistema partidário. A estabilidade eleitoral indica não só que os partidos têm apoio e enraizamento na sociedade, mas também que são instrumentos de canalização de conflitos, interesses e demandas da sociedade" (BOHN, Simone R.; PAIVA, Denise. A volatilidade eleitoral nos estados sistema partidário e democracia no Brasil. *Revista de Sociologia e Política*, Curitiba, v. 17, n. 33, p. 188, ago. 2012).

157 SANTOS, Fabiano. Pluralismo e estabilidade: o sistema de representação proporcional na Constituição Brasileira de 1988. In: VIEIRA, José Ribas (org.). *20 anos da Constituição cidadã de 1988*: efetivação ou impasse institucional?. Rio de Janeiro: Forense, 2008, p. 141.

158 "Vejamos o que tem ocorrido no Brasil no que toca a competição partidária desde a redemocratização. A cada eleição desde 1990, cerca de dezenove partidos elegem

De toda sorte, o relacionamento entre o sistema partidário e o sistema presidencialista no Brasil, bem como suas implicações para efeito de governabilidade e funcionamento da arena política, serão mais bem analisados no Capítulo 2 desta obra.

---

representantes para a Câmara dos Deputados [...] Mesmo considerando que muitos desses partidos são minúsculos [...] podemos ver que a fragmentação partidária na Câmara dos Deputados é muito alta: 0,88, o que tem levado a vários analistas concluir pela baixa institucionalização do sistema [...] **Uma primeira objeção importante sobre a relevância da evidência advinda da fragmentação é que embora muito fragmentado, o sistema partidário parece estar se consolidando em torno de 5 partidos "fortes": PT. PMDB, PSDB, PFL [atualmente DEM] e PP.** Considere um partido forte como aquele que controla pelo menos 10% das cadeiras da Câmara e elege deputados federais em mais de 2/3 dos estados (Tafner 1997). Pois bem, 1994 a 2006, esses partidos conquistaram, em média, 73% dos votos nas eleições para a Câmara. **Meu argumento aqui é que este resultado aponta para aquilo que talvez seja a principal característica do sistema partidário brasileiro, a saber, sua estabilidade.** As últimas três eleições proporcionais foram caracterizadas pela estabilidade do sistema partidário. O último grande realinhamento eleitoral ocorreu na eleição de 1990, quando o PMDB perdeu mais da metade dos votos recebidos na eleição anterior (redução de 48 para 19%). A conquista da presidência pelo PSDB (1994 e 1998) e pelo PT (2002) esteve associada a ganhos nas eleições proporcionais – mas eles foram modestos (cerca de 5 p.p.). **Se utilizarmos um índice simples para medir a estabilidade, como o índice de volatilidade eleitoral, percebe-se que a média das últimas três eleições foi igual a 0,15** [...] Entre os países que adotam sistemas eleitorais semelhantes ao brasileiro, apenas o sistema partidário chileno, na América Latina, demonstrou mais estabilidade do que o que vem ocorrendo no Brasil. Na Europa Central e no Leste, nenhum país apresentou índices de volatilidade médios menores e entre as chamadas "democracias consolidadas", Dinamarca e Suíça não estão tão distantes. Estes números não devem ser subestimados: **um dos principais indicadores utilizados por analistas que identificam o caso brasileiro como o de "subdesenvolvimento partidário" é justamente o de volatilidade eleitoral, como se a fragmentação excessiva estivesse a revelar um cenário de confusão partidária e não simplesmente um contexto de pluralismo político, natural em um país de dimensões continentais e que passou por rápidas e importantes transformações econômicas, sociais e políticas"** [grifou-se] (SANTOS, Fabiano. Pluralismo e estabilidade..., p. 127-128).

## 1.5. Conclusões parciais

Diante da evolução político-social e a formação de estados nações, foi reconhecida a impossibilidade de todos os cidadãos participarem pessoalmente dos negócios públicos e, assim, vislumbrada a solução da representação, mantida a titularidade do poder pelo povo.

Assim, dada a impossibilidade prática de participação política direta e unânime dos cidadãos na sociedade contemporânea, estando as vontades individuais formalmente representadas, é o parlamentarismo o regime por excelência para se buscar, através do debate e discussão, o consenso.

É, portanto, a democracia representativa o modelo procedimental apto a viabilizar a sintetização dos princípios da liberdade e igualdade, e, assim, assumir a função de produção do ordenamento jurídico, legitimando-se por figurar como um órgão especializado e integrado por representantes eleitos por um maior número de votantes possível.

Com esteio na noção de democracia minimalista, relativista e procedimental exposta por Robert Dahl e Hans Kelsen, o Parlamento é visto como órgão essencial para realização da democracia em razão da heterogeneidade existente na sociedade, sendo reconhecido aos partidos políticos – como mecanismo de racionalização do exercício do poder – o papel de instrumento essencial à operacionalização da democracia representativa.

Destarte, o desenvolvimento da democracia consagrou, na década de 1950, um modelo político partidarizado, reconhecendo os partidos políticos como instrumentos imprescindíveis ao processo de representação e objetivação das posições doutrinárias e ideológicas existentes, atuando tais agremiações como o elo de vinculação dos interesses parciais ao interesse geral vinculado ao Estado.

A partir dos partidos políticos haveria a canalização de interesses convergentes para disputa do acesso ao poder político no contexto de um processo altamente competitivo, sistematizando a manifestação do eleitorado e estabelecendo um liame entre eleitores e eleitos. Portanto, a essencialidade dos partidos políticos, no Estado de Direito, tanto mais se acentua quando se tem em consideração que representam eles um instrumento decisivo na concretização do princípio democrático.

Nessa senda, a existência dos partidos políticos é condição pressuposta pela Constituição Federal de 1988 para a concretização do princípio democrático, sendo um meio institucionalizado a atuar no processo de legitimação do poder estatal. Ademais, é o partido político o veículo viabilizador da participação política por parte dos cidadãos, o que lhe confere o status de instituição basilar à consecução dos requisitos expostos por Robert Dahl para a configuração do Brasil como uma poliarquia "em desenvolvimento", em especial a cidadania inclusiva, autonomia para as associações, a realização de eleições livres, justas e frequentes e a franca possibilidade de qualquer cidadão poder se candidatar a um cargo eletivo.

Reconhecendo tratar-se de condição *sine qua non* para a formação da vontade política do povo, o texto constitucional, ao regular e disciplinar o processo de institucionalização dos partidos políticos, objetiva assegurar o acesso dos cidadãos ao exercício do poder estatal, na medida em que pertence às agremiações partidárias o monopólio das candidaturas aos cargos eletivos.

# 2. A Lógica do Processo Decisório no Âmbito das Casas Legislativas

## 2.1. A democracia no Brasil: modelo "majoritário" ou "consensual"?

Aliada à compreensão de Robert Dahl de que uma poliarquia moderna se caracteriza pela existência de eleições livres e regulares (nas quais a competição eleitoral é regulada), do direito universal de concorrer a cargos públicos e do direito de livre expressão e de fontes alternativas de informação, adota-se no presente trabalho a compreensão relativista e procedimentalista da democracia externada por Hans Kelsen, segundo o qual o sistema democrático não se legitima pela verdade, mas sim pelo consenso[159].

Assim, informados no Capítulo 1 quais seriam os requisitos elementares para consideração de um governo como democrático, é indubitável reconhecer a variação da dimensão das democracias modernas, dada a grande variedade de instituições governamentais formais, a conformação do Poder Legislativo, sistemas partidários, grupos de interesses e tribunais.

Não obstante tal variação, Arend Lijphart, ao apresentar estudo comparativo entre trinta e seis democracias modernas, defende haver padrões e regularidades nítidos, vislumbrando-se dois modelos: majoritário e consensual[160].

---

159 KELSEN, Hans. *O que é justiça?...*, p. 10.

160 LIJPHART, Arend. *Modelos de democracia*: desempenho e padrões de governo em 36 países. Tradução: Roberto Franco. Rio de Janeiro: Civilização Brasileira, 2003, p. 17-18.

A respeito da "democracia majoritária", Lijphart reputa-a como fundada na lógica simples e direta do critério majoritário e no grande apelo que tal ideia apresenta, uma vez que "o governo pela maioria, e de acordo com os anseios da maioria, deseja obviamente aproximar-se mais do ideal democrático do 'governo pelo povo e para o povo' do que o governo por uma minoria e comprometido com esta" [161].

A seu turno, na "democracia consensual", ainda que prevalecente a vontade do maior número de pessoas, há uma pretensão de se ampliar o tamanho da maioria por meio de regras e instituições que assegurem a extensa participação dos grupos existentes no governo e o entabulamento de um amplo acordo sobre as políticas a serem adotadas[162].

Quanto à diferença entre os dois modelos, destaca-se que, enquanto o modelo majoritário favorece a concentração do poder político por uma pequena maioria, o modelo consensual – caracterizado pela abrangência, negociação e concessão – tem por propósito o compartilhamento, a dispersão e a limitação do poder[163].

Com o escopo de levantar critérios tendentes a nortear a identificação do modelo de democracia em cada país, Lijphart apresenta dez variáveis "relativas às mais importantes institui-

---

161 LIJPHART, Arend. *Modelos de democracia...*, p. 17.

162 "Uma resposta alternativa é: prevalece a vontade do maior número de pessoas. É este o ponto vital do modelo consensual. Ele não difere do modelo majoritário, concordando em que é melhor o governo da maioria do que da minoria. Mas considera a exigência de uma maioria como um requisito mínimo: em vez de se satisfazer com mínimas maiorias, ele busca ampliar o tamanho das mesmas. Suas regras e instituições visam a ampla participação no governo e a um amplo acordo sobre as políticas que este deve adotar" (LIJPHART, Arend. *Modelos de democracia...*, p. 18.

163 LIJPHART, Arend. *Modelos de democracia...*, p. 18.

ções e regras democráticas"[164] que agrupam-se em duas dimensões: 1) relação entre Poder Executivo e partidos ("dimensão executivo-partidos"); e 2) contraste entre federalismo e governo unitário ("dimensão federal-unitária")[165].

Destarte, com vistas a melhor elucidar a relação entre as dez variáveis e as duas dimensões, apresenta-se o quadro a seguir:

**Quadro 1 – Relação entre variáveis e dimensões nos modelos de democracia propostos por Lijphart**

| MODELO MAJORITÁRIO | MODELO CONSENSUAL |
|---|---|
| **Dimensão Executivo-partidos** | **Dimensão Executivo-partidos** |
| Concentração do Poder Executivo em gabinetes monopartidários de maioria | Distribuição do Poder Executivo em amplas coalizões multipartidárias |
| Relações entre Executivo e Legislativo em que o executivo é dominante | Relações equilibradas entre ambos os poderes |
| Sistemas bipartidários | Sistemas multipartidários |
| Sistemas eleitorais majoritários e desproporcionais | Sistemas de representação proporcional |
| Sistemas de grupos de interesses pluralistas, com livre concorrência entre grupos | Sistemas coordenados e "corporativos" visando ao compromisso e à coalizão |
| **Dimensão federal-unitária** | **Dimensão federal-unitária** |
| Governo unitário e centralizado | Governo federal e descentralizado |
| Concentração do Poder Legislativo numa legislatura unicameral | Divisão do Poder Legislativo entre duas casas igualmente fortes, porém diferentemente constituídas |
| Constituições flexíveis, que podem receber emendas por simples maioria | Constituições rígidas, que só podem ser modificadas por maiorias extraordinárias |

164 LIJPHART, Arend. *Modelos de democracia...*, p. 18.

165 LIJPHART, Arend. *Modelos de democracia...*, p. 18.

| Sistemas em que as legislaturas tem a palavra final sobre a constitucionalidade da Legislação | Sistemas nos quais as leis estão sujeitas à revisão judicial de sua constitucionalidade, por uma corte suprema ou constitucional |
|---|---|
| Bancos centrais dependentes do Poder Executivo | Bancos centrais independentes do Poder Executivo |

**Fonte: Elaborado por CARVALHO, 2008, p. 102, a partir de LIJPHART, 2003, p. 19.**

Como exemplar clássico de democracia majoritária sobressai-se o Reino Unido, tanto que Lijphart adota como denominação alternativa a expressão "modelo *Westminster*", como alusão ao nome do prédio onde se reúne o Parlamento britânico em Londres[166].

O modelo *Westminster*, em geral, é observado em nações de governo unitário, centralizado, sistema bipartidário e sistemas eleitorais majoritários. Lijphart, ao tratar do caso britânico, ressalta a desproporcionalidade de representação decorrente do sistema eleitoral majoritário, pelo qual é eleito apenas um parlamentar por distrito, segundo método de maioria simples. Daí o sistema receber o nome de "*first past the post*"[167]. Bastará uma maioria simples (mais de 50 por cento dos votos), ainda que extremamente apertada, para o eleito "levar tudo", enquanto o candidato derrotado "não leva nada"[168].

Quanto à democracia consensual, Lijphart realça a importância de tal modelo em sociedade com menor grau de homogeneidade, em que figuram latentes diferenças religiosas, ideológicas, linguísticas, culturais, étnicas ou raciais, uma vez que, diante de tais condições, a prevalência da regra da maioria além de anti-

166 LIJPHART, Arend. *Modelos de democracia...*, p. 27.

167 Alusão à expressão do turfe: o primeiro cavalo a cruzar a linha de chegada leva todo o prêmio.

168 LIJPHART, Arend. *Modelos de democracia...*, p. 32.

democrática, gera sérios perigos, "uma vez que as minorias que têm seu acesso ao poder sistematicamente negado irão sentir-se excluídas e discriminadas, podendo perder o senso de lealdade ao regime" [169]. O pluralismo societário demanda um regime democrático que estimule o consenso e promova a inclusão, e não a oposição e exclusão.

O cientista político neerlandês, após analisar os padrões de 36 países, conclui que o resultado do desempenho geral das democracias de consenso é superior ao das majoritárias, sendo o primeiro modelo indicado às nações que passam por reformas democráticas e que apresentam profundas divisões étnicas e culturais.

Lijphart é enfático ao destacar a importância indireta da representação proporcional e do sistema de governo parlamentarista como instrumentos de impulso para a democracia de consenso[170], sendo, de todo modo, imprescindível fomentar uma "cultura de orientação consensual"[171].

No contexto brasileiro, Octavio Amorim Neto propõe-se a apreciar a aplicação das variáveis propostas por Lijphart no período de 1985 a 2006, concluindo que "o Brasil é claramente um caso de democracia consensual, apesar de ser um sistema puramente presidencialista"[172].

> Com relação à dimensão Executivo-partidos, as pontuações do Brasil se assemelham àquelas democracias majoritárias somente em duas medidas, desproporcionalidade e índice de pluralismo dos grupos de interesse. Nas ou-

169 LIJPHART, Arend. *Modelos de democracia...*, p. 52-53.

170 LIJPHART, Arend. *Modelos de democracia...*, p. 339-340.

171 LIJPHART, Arend. *Modelos de democracia...*, p. 344.

172 AMORIM NETO, Octavio. O Brasil, Lijphart e o Modelo Consensual de Democracia. In: INÁCIO, Magna; RENNÓ, Lucio (org.). *Legislativo brasileiro em perspectiva comparada*. Belo Horizonte: Editora UFMG, 2009, p. 113.

> tras três variáveis, o Brasil se assemelha às democracias consensuais. Após a padronização, o ajuste de sinais e o cálculo da média dos cinco indicadores, descobre-se o valor que resume a posição do país na dimensão. É interessante notar que a posição do Brasil é próxima à da Alemanha e do Japão. Na dimensão federal-unitária, o Brasil também permanece ao lado do modelo consensual. O valor sumário do país nessa dimensão o posiciona próximo à Índia e à Áustria.[173]

Contudo, dadas as peculiaridades da estrutura institucional e do processo decisório no Brasil, Octavio Amorim Neto reitera a necessidade de complementação dos indicadores de Lijphart. Tomando em conta fatores como a não utilização do poder terminativo pelas comissões temáticas, a influência do Presidente da República no poder de agenda do Legislativo (iniciativa legislativa) e a existência de coalizões suprapartidárias, Amorim Neto, fazendo um paralelo com a experiência democrática vivida na Itália, defende a existência de uma espécie de "consociativismo[174] à brasileira"[175].

---

173 AMORIM NETO, Octavio. O Brasil, Lijphart e o Modelo Consensual de Democracia..., p. 111.

174 Em regra, entende-se por consociativismo a prática relativa ao envolvimento em decisões do governo de todas as forças políticas mais influentes, independentemente da distinção entre maioria e oposição. Devido a experiência italiana na década de 1990, o termo passou a ostentar uma conotação negativa, sendo associado a práticas obscuras de conchavos e acordos políticos pontuais envolvendo partidos de todas as orientações ideológicas ("*partitocrazia all'italiana*"). Para tanto, ver: ZAULI, Eduardo Meira. A crise da partidocracia na Itália. *Em Debate*, Belo Horizonte, v. 5, n.3, p. 40-47, jul. 2013. Disponível em: <http://opiniaopublica.ufmg.br/emdebate/Edmeirazaulijulho2013.pdf>. Acesso em: 21 mai. 2015.

175 AMORIM NETO, Octavio. O Brasil, Lijphart e o Modelo Consensual de Democracia..., p. 115-126.

Fato é que a análise do processo de tomada de decisão política no Brasil pós-constituinte e da relação entre Executivo e Legislativo demonstra ser a "composição" o padrão de interação no âmbito do Parlamento, em detrimento de um perfil de "confronto" entre atores políticos[176].

Como se verá no tópico seguinte, a partir do governo de Fernando Henrique Cardoso (1995-2002), foram estabelecidas melhores condições para a construção de maiorias estáveis no Congresso Nacional (mantidas a partir de intensas e constantes negociações envolvendo, inclusive, questões e interesses tangenciais) e o estabelecimento de canais de entendimento entre governo e oposição.

Contudo, é exatamente a fragmentação do poder e o multipartidarismo que tonificam o aspecto consensual e de composição da democracia brasileira, uma vez que a aprovação de determinadas matérias (em especial no que tange às leis orçamentárias e às políticas fiscal e salarial) obriga o governo a entabular entendimento com os partidos e os líderes parlamentares de oposição.

Os aspectos específicos a respeito do relacionamento entre o sistema eleitoral e o regime presidencialista no Brasil serão adiante abordados de forma mais acurada.

---

176 SANTOS, Maria Helena de Castro. Governabilidade, Governança e Democracia: Criação de Capacidade Governativa e Relações Executivo-Legislativo no Brasil Pós-Constituinte. *Dados*, Rio de Janeiro, v. 40, n. 3, 1997. Disponível em: <http://www.scielo.br/scielo.php?script=sci_arttext&pid=S0011-52581997000300003&lng=en&nrm=iso>. Acesso em: 19 jul. 2015.

## 2.2. Presidencialismo de coalizão no Brasil: contornos e dinâmica política

Figueiredo e Limongi, na obra "Executivo e Legislativo na nova ordem constitucional"[177], propõem, em síntese, a mitigação da clássica distinção entre regimes parlamentaristas e presidencialistas tendo em vista a percepção de diversos elementos de convergência quando do estudo da relação entre Executivo-Legislativo.

A premissa fulcral que lastreia a proposição dos referenciados cientistas políticos é gerada a partir da constatação do controle da agenda legislativa nos regimes presidencialistas modernos, como é o caso do Brasil.

> Os mecanismos constitucionais que ampliam os poderes legislativos do presidente – ou seja, a extensão da exclusividade de iniciativa, o poder de editar medidas provisórias com força de lei e a faculdade de solicitar urgência para os seus projetos -, estabelecidos pelas reformas constitucionais militares e ratificados pela Constituição de 1988, não só lhe permitem definir a agenda legislativa, mas o colocam em posição estratégica para a aprovação de seus projetos. [178]

A estabilidade democrática e a segurança institucional verificadas a partir do primeiro governo de Fernando Henrique Cardoso (1995-1998) são tributárias da fragmentação horizontal e partidária do poder político promovida pela Constituição de

177 FIGUEIREDO, Argelina Cheibub; LIMONGI, Fernando. *Executivo e Legislativo na nova ordem constitucional*. Rio de Janeiro: Editora FGV, 1999.

178 FIGUEIREDO; LIMONGI. *Executivo e Legislativo na nova ordem constitucional...*, p. 11.

1988[179] face à divisão horizontal do poder estatal entre Legislativo e Executivo e do regime pluripartidário estabelecido como princípio fundamental.

Com efeito, é de se notar a inexistência de uma instância hegemônica de poder. Logo, "o arranjo de pluripartidarismo entrincheirado somado à fragmentação do poder político entre o Executivo e o Legislativo tem resultado, na prática, a necessidade de trocas entre o Governo e uma maioria de representantes legislativos de diferentes partidos"[180].

Dada a carência de força política hegemônica, a viabilidade do governo demanda uma abertura de canal de diálogo entre Executivo e Legislativo, não apenas em relação a sua base pluripartidária, como também a própria oposição, a depender da matéria legislativa em debate.

Consoante observação de Fernando Limongi, o "presidente brasileiro é, de jure e de fato, o principal legislador do país", todavia, a aprovação das matérias legislativas de interesse governamental depende "do apoio sistemático e disciplinado de uma coalizão partidária"[181].

O "poder de agenda" abrange, inclusive, uma face negativa, caracterizado como um "poder que se exerce sem se manifestar, isto

179 Como opinião favorável ao reconhecimento da consolidação da democracia no Brasil a partir do primeiro governo de Fernando Henrique Cardoso, vide POWER, Timothy J. Brazilian Democracy as a late bloomer: Reevaluating the Regime in the Cardoso-Lula Era. *Latin American Reserach Review*, vol. 45, p. 218-247, 2011. Disponível em: <http://www.plataformademocratica.org/Publicacoes/19731_Cached.pdf>. Acesso em: 15 abr. 2015.

180 CAMPOS, Carlos Alexandre de Azevedo. Explicando o avanço do ativismo judicial do Supremo Tribunal Federal. In: FELLET, André; NOVELINO, Marcelo (org.). *Constitucionalismo e Democracia*. Salvador: JusPodivm, 2013, p. 398.

181 LIMONGI, Fernando. Presidencialismo e Governo de Coalizão. In: AVRITZER, Leonardo; ANASTASIA, Fátima (org.). *Reforma política no Brasil*. Belo Horizonte: UFMG, 2007, p. 256.

é, quando um ator impede que temas cujas decisões possam vir a contrariar seus interesses sejam incluídos na agenda decisória. Teríamos, então, não-decisões"[182]. De acordo com Peter Barach e Morton Baratz, o poder opera através da criação de silêncios e não-decisões[183]. Logo, se "A" influencia o sistema e limita as opções de "B", indiretamente, dizemos que "A" tem "definição de poder de agenda"[184].

Face à considerável gama de matérias cuja iniciativa legislativa é exclusiva do Presidente da República, é perfeitamente verificável que a não submissão de determinadas matérias ao Legislativo em razão de um juízo de antecipação de eventual obstrução ou rejeição do Congresso Nacional é uma "face negativa" do poder de agenda. Afinal, conforme Bachrach e Baratz, o "fato de que aquele que inicia as decisões também se abstenha – porque antecipa

---

182 LIMONGI, Fernando. A democracia no Brasil: presidencialismo, coalizão partidária e processo decisório. *Novos estudos*, São Paulo, n. 76, p. 29, 2006. Disponível em: <http://www.scielo.br/scielo.php?script=sci_arttext&pid=S0101-33002006000300002&lng=en&nrm=iso>. Acesso em: 20 abr. 2015.

183 BARACH, Peter; BARATZ, Morton S. Decisions and non-decisions: an Analytical Framework. *The American Political Science Review*, vol. 57, n. 3, p. 632-642, 1965. Disponível em: <http://www.jstor.org/discover/10.2307/1952568?uid=3737664&uid=2&uid=4&sid=21106542828833>. Acesso em: 21 abr. 2015.

184 "[P]ode uma sólida concepção de poder basear-se no pressuposto de que o poder é totalmente incluído e completamente refletido em "decisões concretas" ou em atividades relacionadas diretamente à tomada de decisões? Consideramos que não. **É claro que o poder é exercido quando A participa da tomada de decisões que afeta B. Mas o poder também é exercido quando A devota suas energias na criação ou no reforço de valores sociais e políticos e de práticas institucionais que limitam o escopo do processo político submetido à consideração pública de apenas aqueles temas que são comparativamente inócuos para A. Na medida em que A obtém sucesso em fazer isso, impede-se que B, para todos os propósitos práticos, leve a público quaisquer temas que possam em sua decisão ser seriamente prejudiciais para o conjunto de preferências de A"** [grifou-se] (BARACH, Peter; BARATZ, Morton S. Duas faces do poder. Tradução: Gustavo Biscaia de Lacerda. *Revista de Sociologia e Política*, Curitiba, v. 19, n. 40, p. 149-157, out. 2011).

reações adversas – de apresentar outras propostas obviamente não diminui o poder do agente que limita seus poderes de iniciativa"[185].

Diante de tal conjuntura, dadas as vicissitudes do processo de decisão política no Brasil, a governabilidade do Poder Executivo somente se mostra possível mediante a formação de uma base de sustentação política, conhecida pela denominação "presidencialismo de coalizão". O termo, cunhado por Sérgio Henriques Abranches em 1988[186], tem como conceito básico:

> O Brasil é o único país que, além de combinar a proporcionalidade, o multipartidarismo e o 'presidencialismo imperial',organiza o Executivo com base em grandes coalizões. A esse traço peculiar da institucionalidade concreta brasileira chamarei, à falta de melhor nome, 'presidencialismo de coalizão'.[187]
>
> [...]
>
> [O presidencialismo de coalizão] é um sistema caracterizado pela instabilidade,de alto risco e cuja sustentação baseia-se, quase exclusivamente, no desempenho corrente do governo e na sua disposição de respeitar estritamente os pontos ideológicos ou programáticos considerados inegociáveis, os quais nem sempre são explícita e coerentemente fixados na fase de formação da coalizão.[188]

O fato de o Executivo deter o poder de agenda em razão das prerrogativas legislativas que lhe são conferidas e de recursos não-legislativos concernentes ao acesso aos postos governa-

---

185 BARACH, Peter; BARATZ, Morton S. Duas faces do poder..., p. 155.

186 ABRANCHES, Sérgio Henriques. Presidencialismo de Coalizão: O Dilema Institucional Brasileiro. *Dados*, Rio de Janeiro, v. 31, n. 1, p. 5-34, 1988.

187 ABRANCHES, Sérgio Henriques. Presidencialismo de Coalizão..., p. 21-22.

188 ABRANCHES, Sérgio Henriques. Presidencialismo de Coalizão..., p. 27.

mentais constitui, portanto, elemento estrutural do "presidencialismo de coalizão" [189].

Ante a formatação da estrutura de relação entre Executivo e Legislativo, para terem condições de viabilizar seus pleitos e interesses individuais pelo governo, é necessário que os parlamentares utilizem-se das vias partidárias. Com efeito, em vista do poder de agenda e do controle de recursos não-legislativos por parte do Executivo, além da centralização do processo decisório nas mãos das lideranças (consagrado pelos regimentos internos), o governo detém uma "posição estratégica para negociar o apoio que necessita a partir de bases partidárias e não com parlamentares individualmente"[190]. Como decorrência de tal conjuntura, Figueiredo e Limongi afirmam que "o Executivo brasileiro organiza o apoio à sua agenda legislativa em bases partidárias, em moldes muito similares àqueles encontrados em regimes parlamentaristas"[191].

Os cientistas políticos propõem-se a analisar se as coalizões partidárias são ideologicamente consistentes e qual o grau de disciplina dos partidos no Brasil, uma vez que a disciplina e a coesão ideológica também seriam fatores inerentes ao "presidencialismo de coalizão"[192].

---

189 "Um presidente dotado de amplos poderes legislativos é capaz de ditar a agenda de trabalhos legislativos e, dessa forma, induzir parlamentares à cooperação. Conta ainda com recursos não-legislativos advindos do controle que exerce sobre o acesso aos postos de governo" (FIGUEIREDO; LIMONGI. *Executivo e Legislativo na nova ordem constitucional...*, p. 26).

190 CARVALHO, Valter Rodrigues de. Presidencialismo de coalizão e democracia majoritária no Brasil. *Ponto-e-virgula*, São Paulo, n. 4, p. 100-115, 2008.

191 MORAES, Filomeno. Executivo e Legislativo no Brasil pós-Constituinte. *São Paulo Perspec.*, São Paulo, v. 15, n. 4, p. 45-52, 2011.

192 "[A] questão da disciplina partidária tem precedência sobre aquela relativa à coalizão partidária. Só é possível pensar na possibilidade de governo de coalizão quando se pode falar em partidos capazes de agir enquanto tais" (FIGUEIREDO; LIMONGI. *Executivo e Legislativo na nova ordem constitucional...*, p. 27).

Figueiredo e Limongi apontam que não há indisciplina partidária nem tampouco um Congresso brasileiro que atue como um "veto *player*" institucional perante as propostas e interesses do Executivo, uma vez que a própria organização interna do processo decisório confere centralidade ao trâmite dos projetos, dificultando a eventual prevalência de interesses individuais dos parlamentares[193].

Com lastro em análise dos dados de votações nominais realizadas no período de 1989-1994[194], Figueiredo e Limongi demonstram a falseabilidade da teoria que preconiza a inexistência de disciplina partidária no Legislativo brasileiro[195][196].

---

193 "O Executivo domina o processo legislativo porque tem o poder de agenda e esta agenda é processada e votada por um Poder Legislativo organizado de forma altamente centralizada em torno de regras que distribuem direitos parlamentares de acordo com princípios partidários. No interior deste quadro institucional, o presidente conta com os meios para induzir os parlamentares à cooperação. Da mesma forma, parlamentares não encontram o arcabouço institucional próprio para perseguir interesses particularistas. Ao contrário, a melhor estratégia para a obtenção de recursos visando a retornos eleitorais é votar disciplinadamente [...] Eles [os poderes legislativos presidenciais] determinam o poder de agenda do chefe do Executivo, entendendo-se por agenda a capacidade de determinar não só que propostas serão desconsideradas pelo Congresso, mas também quando o serão. Maior poder de agenda implica, portanto, a capacidade do Executivo de influir diretamente nos trabalhos legislativos e assim minorar os efeitos da separação dos poderes, o que pode induzir os parlamentares à cooperação" (FIGUEIREDO; LIMONGI. *Executivo e Legislativo na nova ordem constitucional...*, p. 23).

194 A definição do universo de análise das votações nominais (221 no total) encontra-se estabelecida em FIGUEIREDO; LIMONGI. *Executivo e Legislativo na nova ordem constitucional...*, p. 75 e 94-99.

195 "A previsão foi falsificada pelos fatos. Em média, 89,4% do plenário vota de acordo com orientação de seu líder, taxa suficiente para predizer com acerto 93,7% das votações nominais" (FIGUEIREDO; LIMONGI. *Executivo e Legislativo na nova ordem constitucional...*, p. 20).

196 "Do ponto de vista empírico, demonstramos que há disciplina partidária na Câmara dos Deputados. Para uma votação qualquer na CD, a probabilidade de um parlamentar qualquer votar com a liderança de seu partido é de 0,894. A probabilidade do voto disciplinado varia com os partidos: atinge seu ponto máximo

A partir de dados atualizados até março de 2006, Fernando Limongi apresenta informações tendentes a lastrear a conclusão segundo a qual "nada autoriza tratar o sistema político brasileiro como singular", porquanto, as "coalizões obedecem e são regidas pelo princípio partidário"[197], de modo que é possível garantir considerável previsibilidade de sucesso das matérias de interesse do Executivo a partir da atuação dos líderes partidários no âmbito das Casas Legislativas[198].

---

no PT (0,973) e no PFL (0,901). Os mais baixos índices de disciplina são encontrados no PTB (0,857) e no PMDB (0,857). Se esses índices são altos ou baixos, trata-se de questão comparativa: altos em relação a quê? Importa frisar, isto sim, que eles são suficientes para tornar as decisões do plenário previsíveis. Isto é, sabendo-se qual a posição assumida pelos líderes, podemos prever com acerto o resultado da votação em 93,7% dos casos" (FIGUEIREDO; LIMONGI. *Executivo e Legislativo na nova ordem constitucional*..., p. 27).

197 LIMONGI, Fernando. A democracia no Brasil: presidencialismo, coalizão partidária e processo decisório..., p. 40-41.

198 "O Brasil não é tão diferente dos países parlamentaristas. Senão, vejamos. Comecemos pelas taxas de sucesso e dominância. Elas são elevadas, comparáveis às observadas nos países que analisamos momentos atrás. O sucesso do Executivo para o período pós-promulgação da Constituição de 1988 é de 70,7% [...] As variações por presidentes são pequenas e independem da sua base de apoio. É certo que Fernando Collor, o único presidente do período a formar coalizões minoritárias, teve o pior desempenho nesse quesito entre todos os presidentes, aprovando 65% dos projetos que submeteu. Mas a variação é menor que a estabilidade. A taxa de sucesso para Itamar foi um ponto superior à de Collor e os demais presidentes ficaram um pouco acima dos 70%. A taxa de dominância para o mesmo período também é expressiva: 85,6%. Uma vez mais, não há variações significativas entre os mandatos. Collor e Sarney têm os valores mais baixos, em torno dos 77%. Itamar e Lula estão acima dos 90%, enquanto Fernando Henrique teve taxa similar em seus dois mandatos: 85% [...] Para resumir: o que o Executivo submete ao Legislativo é, em geral, aprovado. E, por definição, as matérias só podem ser aprovadas se contam com o apoio da maioria [...] O governo brasileiro é bem sucedido na arena legislativa porque conta com o apoio sólido de uma coalizão partidária. Disciplina é a norma. Deputados filiados aos partidos que fazem parte da coalizão de apoio ao presidente seguem a recomendação de voto do líder do governo. A disciplina média da base do governo - proporção de deputados filiados a partidos que receberam pastas ministeriais que votaram em acordo com a indicação expressa do líder do governo - é de 87,4% nas

É patente que o controle exercido pelo Executivo sobre a iniciativa legislativa promove incentivos para que os parlamentares se juntem ao governo apoiando sua agenda. Ademais, a "lógica do processo de decisão no sistema presidencialista deve também levar em conta variáveis internas à organização do próprio processo decisório"[199].

Nessa senda, Figueiredo e Limongi defendem que, "no caso do legislativo brasileiro, o princípio adotado para a distribuição de direitos parlamentares é partidário"[200], constatação essa fundamental ao se verificar que, através de seus regimentos internos, o Poder Legislativo brasileiro consagra um padrão decisório centralizado e

---

842 votações ocorridas no período. A variação entre presidentes é pequena: a menor média foi registrada sob Sarney, com 78,4%, e a maior, 90,7%, no segundo governo de Fernando Henrique. O governo Lula, para dissipar falsas imagens, contou com apoio médio de 89,1% dos deputados da base do governo em 154 votações. Na realidade, a bancada do governo perde consistência quando um dos partidos da base não segue a liderança do governo, quando a taxa de apoio cai para 70,1%. No entanto, essas dissensões no interior da base são relativamente raras, tiveram lugar em 18% das 786 votações consideradas [...] O fato é que o presidente raramente é derrotado. O governo saiu-se vitorioso em nada mais nada menos que 769 das 842 votações consideradas: 91,3% das vezes. Não há grande variação se distinguimos tipos de votação, dado o quorum exigido ou se a votação se referia ou não a matéria substantiva. No caso das matérias constitucionais, em que se exige 3/5 dos votos favoráveis para aprovação da emenda, a porcentagem de vitórias está exatamente na média, foram 242 vitórias em 265 votações. Em seu segundo governo, Fernando Henrique obteve apoio do plenário em 31 das 32 votações e Lula, em 31 das 32. Com base nessas informações, parece difícil sustentar que a base de apoio do governo careça de solidez. Vale observar que na maioria das derrotas, a indisciplina da base não foi o problema, mas sua divisão interna, isto é, pelo menos um partido não seguiu a orientação do líder do governo" (LIMONGI, Fernando. A democracia no Brasil: presidencialismo, coalizão partidária e processo decisório..., p. 23-24).

199 FIGUEIREDO; LIMONGI. *Executivo e Legislativo na nova ordem constitucional...*, p. 38.

200 FIGUEIREDO; LIMONGI. *Executivo e Legislativo na nova ordem constitucional...*, p. 28.

promove excessiva centralização dos "direitos parlamentares" nas mãos das lideranças partidárias[201].

Ademais, em razão do costume que se convencionou chamar de "princípio da representação proporcional"[202], a distribuição interna do poder em ambas as Casas (Mesa Diretora e Comissões) é feita proporcionalmente entre os partidos tendo em vista a pujança quantitativa de suas bancadas. Logo, a presidência da Casa caberá à legenda com maior número de parlamentares filiados. Trata-se de um cargo extremamente estratégico, porquanto cabe ao presidente dirigir os trabalhos do plenário e resolver questões controversas a respeito do trâmite dos projetos legislativos, além dos assuntos internos da Casa respectiva.

Por sua vez, dado o poder de representação da bancada[203], os líderes possuem importante função de controle do fluxo procedimental dos trabalhos legislativos. Em paradoxo, reconhece-

201 "Argumentamos ainda que as normas que regulam a distribuição de direitos e recursos parlamentares dão origem a um padrão altamente centralizado de organização do Congresso que se harmoniza com o papel preponderante do Executivo. Além disso, mostramos que o eixo a estruturar esse padrão centralizado são, por força regimental, os partidos políticos" (FIGUEIREDO; LIMONGI. *Executivo e Legislativo na nova ordem constitucional...*, p. 11).

202 Positivado pela Constituição Federal, no art. 58, §1º, que conta com a seguinte redação: "na constituição das Mesas e de cada Comissão, é **assegurada, tanto quanto possível, a representação proporcional dos partidos ou dos blocos parlamentares** que participam da respectiva Casa" [grifou-se]. No Regimento Interno da Câmara dos Deputados está estabelecido no art. 7º, inciso I; art. 8º e art. 23. No Regimento Interno do Senado Federal: art. 59, §1º; art. 60 e art. 78.

203 Nos termos do §3º, art. 102, do Regimento Interno da Câmara dos Deputados: "o quórum para a iniciativa coletiva das proposições, exigido pela Constituição Federal ou por este Regimento Interno, pode ser obtido por meio das assinaturas de cada Deputado, apostas por meio eletrônico ou, quando expressamente permitido, de Líder ou Líderes, representando estes últimos exclusivamente o número de Deputados de sua legenda partidária ou parlamentar, na data da apresentação da proposição".

-se a débil capacidade de influência dos parlamentares sob o prisma individual[204].

Com efeito, o plenário se torna o principal lócus decisório do Parlamento, havendo um efetivo esvaziamento da atuação das comissões temáticas que, em tese, por força do disposto no art. 58, §2º, inciso I, da Constituição Federal, teriam competência para deliberar, em caráter terminativo, sobre as matérias previstas no regimento interno.

Para retirar as matérias inicialmente sujeitas à deliberação terminativa das comissões temáticas e submetê-las ao plenário, os líderes contam com importante instrumento regimental: o requerimento de urgência[205]. Conforme previsto nos regimentos da Câmara dos Deputados[206] e Senado Federal[207], será vedada a discussão e votação perante as comissões dos projetos de lei que venham a tramitar sob o regime de urgência. Assim, ao apresentarem o requerimento de urgência e lograrem êxito em sua aprovação, os líderes retiram determinados projetos do âmbito da comissão, reduzindo a possibilidade de sobreposição de interesses individuais dos parlamentares na proposição de emendas[208].

---

204 "A ação dos líderes direciona os trabalhos legislativos para o plenário, que assim se constitui no principal *locus* decisório. Do ponto de vista organizacional, as comissões e as forças centrífugas e descentralizantes contidas nesse princípio organizacional são neutralizadas pela ação dos partidos e seus líderes [...] De fato, a atividade em plenário minimiza a possibilidade de que um deputado influencie o curso dos eventos e participe ativamente do processo legislativo. O papel dos líderes, por outro lado, é potencializado" (FIGUEIREDO; LIMONGI. *Executivo e Legislativo na nova ordem constitucional...*, p. 29-30).

205 No Regimento Interno da Câmara dos Deputados: art. 154, inciso II. No Regimento Interno do Senado Federal: art. 338, incisos I, II e III.

206 RICD: art. 24, inciso II, alínea "h".

207 RISF: art. 336, parágrafo único, c/c art. art. 345.

208 A esse respeito, vide a avaliação do ex-parlamentar e ex-Ministro do STF, Nelson Jobim: "Esta é a realidade do processo legislativo brasileiro, em decorrência de uma

Não obstante a possibilidade de alteração do ritmo e do lócus de tramitação da matéria, a aprovação do requerimento de urgência limita a capacidade dos parlamentares de, individualmente, apresentar emendas ao projeto, ainda que sejam membros da comissão na qual a proposta então tramitava. De acordo com o Regimento Interno da Câmara dos Deputados, em seu art. 120, §4º, a proposição de emendas em projeto sob o rito de urgência somente será possível se a iniciativa partir de comissão permanente ou se subscrita por um quinto dos membros da Casa ou líderes que representem esse número[209].

---

luta brutal entre, digamos, a elite que circula em torno da Mesa e as lideranças partidárias, de um lado, e o plenário, de outro. Porque esse conjunto Mesa-lideranças é o conjunto que controla o poder legislativo brasileiro. Quem não participa da intimidade desse conjunto, quem está na periferia ou na marginalidade desse conjunto é considerado como um número a ser computado quando da verificação de quórum, e não como alguém que possa participar conscientemente da produção da norma. É por isso que se concentra o poder. O processo legislativo brasileiro privilegia a urgência urgentíssima porque aí se deixa a periferia fora, senão as comissões vão opinar, vão se referir. Quando, por exemplo, querem evitar a Comissão de Justiça, jogam 'urgência'" (JOBIM, Nelson. O Colégio de Líderes e a Câmara dos Deputados. In: O desafio do Congresso Nacional: mudanças internas e fortalecimento institucional. *Cadernos de Pesquisa CEBRAP*, São Paulo, n. 3, p. 37-59, nov. 1994. Disponível em: <http://www.cebrap.org.br/v2/files/upload/biblioteca_virtual/o_colegio_de_lideres.pdf>. Acesso em: 26 jun. 2015).

209 Segundo pesquisa desenvolvida por Carlos Pereira e Bernardo Mueller, "[d]e 805 propostas promulgadas entre 1995 e 1998, 294 (36,52%) receberam pedido de urgência e 511 (63,34%) tramitaram normalmente. A maioria das propostas que receberam pedido de urgência foi iniciada pelo Executivo: 237 (80,61%), de um total de 294 propostas, mas a maioria dos pedidos foi feita pelo próprio Congresso 70,40% deles, contra 29,60% de responsabilidade do Executivo. O que significa que os próprios deputados se abstêm de discutir e decidir sobre grande parte da nova legislação nas comissões. Pedidos de urgência foram feitos principalmente para propostas sobre temas econômicos (49,97%) e administrativos (28,91%); temas sociais (19,38%) e políticos (2,72%) têm recebido menos pedidos de urgência. Em geral, pode-se dizer que quando o Legislativo pediu urgência para uma proposta, isto foi feito de acordo com os interesses do Executivo. A taxa de aprovação de legislação com origem no Executivo está altamente associada com o pedido de urgência" (PEREIRA, Carlos; MUELLER, Bernardo. Uma teoria da preponderância do Poder

Com efeito, a centralização do processo decisório no plenário conduz à crescente diminuição do poder institucional das comissões técnicas e, assim, à redução da capacidade das minorias com assento nesses colegiados de terem sucesso na aprovação de suas propostas. Entrementes, no sistema brasileiro, até mesmo o "poder de veto" ou "poder negativo" das comissões (conforme formulação de Thomas Gilligan e Keith Krehbiel[210]) é, em termos práticos, esvaziado.

Delineado a partir do modelo estadunidense[211], entende-se por "poder de veto" a capacidade de bloquear as propostas que seriam decididas pelo plenário de forma contrária aos interesses das comissões. Destarte, por constituírem-se como "porta de entrada" e roteiro obrigatório dos projetos de leis no Poder Legislativo, as comissões teriam a possibilidade de "engavetar" determinadas propostas que, assim, sequer chegariam à apreciação do plenário. Diante de tal realidade, observada no sistema norte-americano, as minorias encasteladas nas comissões poderiam deter a vontade da maioria.

---

Executivo: o sistema de comissões no Legislativo brasileiro. *Revista Brasileira de Ciências Sociais*, São Paulo, vol.15, n. 43, p. 45-67, 2000. Disponível em: <http://www.scielo.br/scielo.php?script=sci_arttext&pid=S0102-69092000000200004&lng=en&nrm=iso>. Acesso em: 20 abr. 2015).

210 GILLIGAN, Thomas; KREHBIEL, Keith. Collective decision-making and standing committees: an informational rationale for restrictive amendment procedures. *Journal of Law, Economics and Organization*, n. 3, p. 287-335, 1987. Disponível em: <http://www.jstor.org/discover/10.2307/764831?uid=3737664&uid=2&uid=4&sid=21106528600873>. Acesso em: 20 abr. 2015.

211 A respeito da descentralização do processo decisório e a importância e atuação das comissões técnicas no Poder Legislativo dos Estados Unidos da América vide: SHEPSLE, Kenneth; WEINGAST, Barry. The Institutional Foundations of Committee Power. *American Political Science Review*, vol. 81, n. 1, p. 37-55, 1987. Disponível em: <http://www.jstor.org/discover/10.2307/1960780?uid=3737664&uid=2&uid=4&sid=21106541793433.>. Acesso em: 21 abr. 2015.

Contudo, consoante destacado alhures, no sistema brasileiro, a maioria tem à disposição instrumentos aptos a neutralizar o "poder de veto" das minorias com assento nas comissões técnicas, sobressaindo-se, nesse propósito, o requerimento de urgência.

Resta então à minoria parlamentar brasileira recorrer a outras "armas" que lhe são conferidas pelos regimentos: prolongamento dos debates, adiamento de discussão[212], provocação de votações pontuais (destaques[213] e verificação de votação[214]) e a obstrução[215].

---

212 Trata-se de instrumento regimental que possibilita o adiamento da discussão pelo plenário de determinada matéria a fim de que seja reexaminada por uma ou mais comissões, para preenchimento de formalidade essencial ou, ainda, para realização de diligência considerada imprescindível ao seu esclarecimento. No Senado Federal, conforme art. 279 do RISF, o requerimento de adiamento da discussão poderá ser apresentado por qualquer Senador ou por Comissão, devendo ser submetido à deliberação do Plenário. Já na Câmara dos Deputados, somente poderão propor o requerimento de adiamento, o líder, autor ou relator do projeto em discussão (art. 177 do RICD).

213 Instrumento regimental concebido para promover alterações no texto de uma proposição no momento em que está sendo deliberada, implicando a necessidade de se votar separadamente a parte destacada, retirada do texto principal especificamente para esse fim. A parte destacada somente integrará o texto da matéria quando aprovada na chamada "votação em separado". Vide arts. 161 e 162 do RICD e arts. 312, 313 e 314 do RISF.

214 Requerimento para que se faça a votação de uma proposição por processo nominal imediatamente após a proclamação do resultado de sua votação pelo processo simbólico. Tal verificação se realiza pelo processo nominal e, se constatada a inexistência de quórum, o presidente da Mesa suspende a sessão por prazo determinado no respectivo regimento. Após a reabertura da sessão, é processada nova votação. Outro pedido de verificação de votação somente será permitido depois de decorrida uma hora do pedido anterior. Em sessão conjunta do Congresso, o pedido de verificação de votação pode ser feito por líder de partido, por cinco senadores ou 20 deputados. Vide: art. 114, inciso VIII; art. 185, §§ 1º, 4º e 5º do RICD e arts. 293 e 294 do RISF.

215 Recurso regimento utilizado para evitar a votação de determinada matéria. É anunciada pelo líder do partido ou do bloco parlamentar, implicando na retirada dos parlamentares liderados do plenário, sem que sejam considerados ausentes. Vide: art. 82, §6º, do RICD e art. 13, §2º, do RISF.

Diante da limitação da capacidade de influenciar diretamente a definição da agenda legislativa, "quando na condição de minoria legislativa, as oposições recorrem aos procedimentos e recursos regimentais para modificar ou elevar os custos de aprovação da agenda apoiada pela maioria"[216].

> As regras que regulam o processo legislativo brasileiro asseguram um conjunto de recursos procedimentais que permitem aos líderes das oposições intervir na dinâmica do processo decisório. A verificação de votação - que altera o procedimento de votação de simbólica para nominal - é um dos recursos assegurados aos legisladores e líderes. Essa mudança no contexto decisório pode elevar os custos das decisões legislativas, com a manifestação e o registro do voto individual. Além disso, as oposições podem utilizar estrategicamente esse recurso para testar maiorias e avaliar as oportunidades de implementar estratégias voltadas para mitigar ou tornar mais custosa a adesão á agenda do governo.[217]

Não obstante a centralização do poder decisório no plenário (o que conduz a uma prevalência da maioria parlamentar e a limitação da capacidade de influência direta da minoria na tramitação das matérias), de fato, as estratégias regimentais das oposições na arena legislativa impactam a atuação dos partidos de coalizão ao elevarem os custos de aprovação da agenda, o que conduz ao reconhecimento de que a atual configuração dos regimentos internos das Casas do Congresso Nacional, ao assegurar às minorias parlamentares mecanismos significativos para efetivamente influenciar

---

216 INÁCIO, Magna. Mudança procedimental, oposições e obstrução na Câmara dos Deputados. In: INÁCIO, Magna; RENNÓ, Lúcio (org.). *Legislativo brasileiro em perspectiva comparada*. Belo Horizonte: Editora UFMG, 2009, p. 259.

217 INÁCIO, Magna. Mudança procedimental..., p. 357.

o processo político de tomada de decisões no plenário, viabiliza a prática democrática consensual, de modo que se vê mantida a dialética maioria-oposição e, também, os espaços de composição de conflitos e promoção de acordo entre as forças políticas existentes no sistema pluripartidário brasileiro.

Ainda que centralize o espaço decisório no plenário e confira grande parcela de prerrogativas sobre a condução dos trabalhos legislativos aos líderes e às Mesas, os regimentos analisados disponibilizam às minorias instrumentos para se evitar eventuais posturas tirânicas da maioria. O respeito a tal configuração é, em grande parte, tributário da estrutura do regime democrático brasileiro, no qual se observa a rotatividade do poder[218]. Tal panorama de constante alternação e rearranjo das forças políticas induz a uma relação consensual entre maioria e oposição, circundada e respaldada pelo regimento. Afinal, o fato de ser alta a probabilidade de troca de papéis favorece a estruturação de uma oposição responsável e de uma maioria menos autoritária e aberta ao diálogo.

218 "O nível competitivo do processo eleitoral pode muito bem ser definido como elemento discriminante entre duas categorias de Parlamentos: Parlamentos que assumem um papel fundamental na vida política e Parlamentos reduzidos a um papel de adorno ou de fachada. O Parlamento reproduz, com efeito, se bem que com certa distorção, prolongando-se pelo período da sua duração, a dialética das forças políticas que o momento eleitoral pôs em relevo; é a forma dessa dialética e sua vivacidade que caracterizam a ação política do Parlamento. Onde, como nos regimes de partido único, o mecanismo eleitoral desencoraja ou até suprime a pluralidade e a competição, o Parlamento, não sendo animado pela dialética maioria-oposição, funciona, antes de tudo, como a caixa de ressonância propagandística dos órgãos reais do Governo (o executivo, o partido). Onde a dialética política é aceita, o andamento da competição eleitoral influirá também no caráter que ela assumirá no seio do Parlamento" (COTTA, Maurizio. Parlamento. In. BOBBIO; MATTEUCCI; PASQUINO, Gianfranco. *Dicionário de Política...*, p. 880-881).

## 2.3. O partido político no Brasil: a titularidade do mandato parlamentar

Na toada do que foi abordado no tópico 1.4 do Capítulo 1, restaram suficientemente estabelecidas as premissas teóricas acerca da imprescindibilidade dos partidos políticos para o processo democrático, vistos como instrumento de racionalização do exercício do poder (Hans Kelsen) e veículo de canalização de interesses convergentes para disputa do acesso ao poder político no contexto de um processo altamente competitivo (Robert Dahl).

Desta feita, para viabilizar a incursão nos objetivos da presente pesquisa, passar-se-á a investigar, sob uma perspectiva mais pragmática, a questão atinente à "titularidade jurídica" dos mandatos parlamentares no Brasil, tendo em vista a sua repercussão no sistema político e eleitoral e no funcionamento das Casas Legislativas.

Reputa-se ser suficiente para tal intento a análise do ordenamento jurídico aplicável (em especial a Lei nº 9.096/1995[219]) e o entendimento proferido, no ano de 2007, pelo Tribunal Superior Eleitoral e pelo Supremo Tribunal Federal no sentido de conferir às agremiações partidárias a titularidade dos mandatos parlamentares.

A Constituição Federal de 1988, em vista da fundamentalidade do princípio do pluralismo político, garante a liberdade de criação, fusão, incorporação e extinção de partidos políticos, devendo ser observadas algumas condicionantes elencadas no art. 17 da Carta Magna[220].

---

219 BRASIL. Lei nº 9.096, de 19 de setembro de 1995. Dispõe sobre partidos políticos, regulamenta os arts. 17 e 14, §3º, inciso V, da Constituição Federal. Disponível em: <http://www.planalto.gov.br/ccivil_03/LEIS/L9096.htm>. Acesso em: 10 jul. 2015.

220 "Art. 17. É livre a criação, fusão, incorporação e extinção de partidos políticos, resguardados a soberania nacional, o regime democrático, o pluripartidarismo, os

Quanto ao funcionamento, assegura-se às agremiações autonomia para definir sua estrutura interna, funcionamento, programa ideológico e orientação eleitoral, "devendo seus estatutos estabelecer normas de disciplina e fidelidade partidária"[221].

Consoante o ordenamento positivo, os partidos são considerados pessoa jurídica de direito privado[222], devendo seu estatuto ser registrado no Serviço de Registro Civil de Pessoas Jurídicas da Capital Federal[223] e, após a aquisição da personalidade jurídica, submeter seu estatuto para registro no Tribunal Superior Eleitoral[224].

Para a obtenção do registro junto ao TSE, deverá a agremiação ostentar caráter nacional, considerando-se como tal aquela que comprove o apoiamento de eleitores não filiados a partido político, correspondente a, pelo menos, 0,5% (cinco décimos por cento) dos votos dados na última eleição geral para a Câmara dos Deputados, não computados os votos em branco e os nulos, distribuídos por 1/3 (um terço), ou mais, dos Estados, com um mínimo de 0,1% (um décimo por cento) do eleitorado que haja votado em cada um deles[225].

De se notar que o registro no TSE não conduz a uma interferência do Estado na organização interna e orientação ideológica dos partidos. Trata-se apenas de uma formalidade para, ao

---

direitos fundamentais da pessoa humana e observados os seguintes preceitos: I - caráter nacional; II - proibição de recebimento de recursos financeiros de entidade ou governo estrangeiros ou de subordinação a estes; III - prestação de contas à Justiça Eleitoral; IV - funcionamento parlamentar de acordo com a lei".

221 Art. 17, §1º, CF.

222 Art. 44, inciso V, da Lei nº 10.406/2002, incluído pela Lei nº 10.825/2003 (BRASIL. Lei nº 10.406, de 10 de janeiro de 2002. Institui o Código Civil. Disponível em: <http://www.planalto.gov.br/ccivil_03/leis/2002/L10406.htm>. Acesso em: 10 jul. 2015).

223 Art. 8º da Lei nº 9.096/1995.

224 Art. 17, §2º, CF.

225 Art. 7º, §1º, da Lei nº 9.096/1995.

atestar o início da existência jurídica da agremiação, habilitá-la à participação no processo eleitoral e assegurar-lhe o recebimento de recursos do Fundo Partidário e o acesso gratuito ao rádio e à televisão[226].

Cumpre salientar que, nos termos do art. 4º da Lei nº 9.504/1997[227], o partido político somente estará apto a participar das eleições se estiver registrado no TSE "até seis meses antes do pleito"[228] e, até a data da convenção, possua "órgão de direção constituído na circunscrição, de acordo com o respectivo estatuto".

Quanto à filiação, em razão da autonomia partidária, as agremiações contarão com ampla liberdade para estabelecer as regras e os critérios de admissão de filiados, bem como as hipóteses de medidas disciplinares.

De acordo com o art. 25 da Lei nº 9.096/1995, o estatuto do partido poderá estabelecer, além das medidas disciplinares básicas, normas sobre penalidades, inclusive com desligamento temporário da bancada, suspensão do direito de voto nas reuniões internas ou perda de todas as prerrogativas, cargos e funções que exerça em decorrência da representação e da proporção partidária, na respectiva Casa Legislativa, ao parlamentar que se opuser, pela atitude ou pelo voto, às diretrizes legitimamente estabelecidas pelos órgãos partidários. Em complemento, o art. 26 do mesmo diploma legal vaticina: "perde automaticamente a função ou cargo que

---

226 Art. 17, §3º, CF.

227 BRASIL. Lei nº 9.504, de 30 de setembro de 1997. Estabelece normas para eleições. Disponível em: <http://www.planalto.gov.br/ccivil_03/LEIS/L9504.htm>.

228 Alteração promovida pela Lei nº 13.488, de 6 de outubro de 2017. De acordo com a redação anterior do art. 4º da Lei nº 9.504/1997: "*Poderá participar das eleições o partido que, até um ano antes do pleito, tenha registrado seu estatuto no Tribunal Superior Eleitoral, conforme o disposto em lei, e tenha, até a data da convenção, órgão de direção constituído na circunscrição, de acordo com o respectivo estatuto*".

exerça, na respectiva Casa Legislativa, em virtude da proporção partidária, o parlamentar que deixar o partido sob cuja legenda tenha sido eleito".

Os dispositivos mencionados buscam operacionalizar a previsão constitucional contida na parte final do §1º do art. 17, segundo o qual o estatuto do partido deve "estabelecer normas de disciplina e fidelidade partidária".

Contudo, até o ano de 2007, eventuais violações às regras de fidelidade partidária não acarretavam sanções jurídicas mais drásticas, como a perda do mandato parlamentar.

Em sede do julgamento do MS nº 20.927/DF, registrou o Ministro Moreira Alves que, na atual ordem constitucional, "não se adota o princípio da fidelidade partidária, o que tem permitido a mudança de partido por parte de deputados sem qualquer sanção jurídica, e, portanto, sem perda de mandato"[229].

Ocorre que o panorama foi alterado a partir da interpretação jurisdicional empreendida pelo Tribunal Superior Eleitoral na apreciação da Consulta nº 1.398, em sessão realizada no dia 27/03/2007. Consta da referida consulta, formulada pelo então Partido da Frente Liberal (atual Democratas - DEM), a indagação: os partidos e coligações têm o direito de preservar a vaga obtida pelo sistema eleitoral proporcional, quando houver pedido de cancelamento de filiação ou de transferência do candidato eleito por um partido para outra legenda?[230].

229 BRASIL. Supremo Tribunal Federal. *Acórdão no Mandado de Segurança nº 20.927/DF*. Relator: ALVES, Moreira. Publicado no DJ de 15/04/1994, p. 130.

230 BRASIL. Tribunal Superior Eleitoral. *Resolução nº 22.526*. Relator: ROCHA, Francisco Cesar Asfor. Publicado no DJ de 08/05/2007, p. 143.

Em resposta, por maioria (6x1)[231], o TSE respondeu a consulta de forma positiva, concluindo que os partidos e coligações conservam o direito à vaga obtida pelo sistema eleitoral proporcional, quando houver pedido de cancelamento de filiação ou de transferência do candidato eleito por um partido para outra legenda.

Da leitura dos votos proferidos na Resolução nº 22.526, constata-se que tal entendimento foi lastreado nas seguintes premissas: a) os partidos políticos são autênticos protagonistas da democracia representativa; b) impossibilidade de se permitir que o mandato eletivo seja compreendido como algo integrante do patrimônio privado de um indivíduo; c) o ordenamento jurídico brasileiro veda candidaturas avulsas; d) no sistema proporcional, em conformidade com o art. 175, §4º e art. 176 do Código Eleitoral, os votos são efetivamente conferidos aos partidos políticos e não aos candidatos individualmente.

No tocante aos mandatos eletivos obtidos pelo sistema majoritário, em sessão realizada no dia 16/10/2007 para apreciar a Consulta nº 1.407, o TSE, por unanimidade, manteve o entendimento ao indicar o dever de observância da fidelidade partidária também por parte dos detentores de mandato majoritário[232].

Com esteio nas mesmas premissas lançadas pelo TSE, o Supremo Tribunal Federal, no julgamento dos Mandados de Segurança

---

231 Votaram favoravelmente à resposta positiva os ministros Marco Aurélio, Cezar Peluso, Carlos Ayres Brito, Cesar Asfor Rocha, José Delgado e Caputo Bastos. Voto vencido: Marcelo Ribeiro.

232 BRASIL. Tribunal Superior Eleitoral. *Resolução nº 22.600*. Relator: BRITTO, Carlos Augusto Ayres. Publicado no DJ de 28/12/2007, p. 01.

nºs. 26.602[233], 26.603[234] e 26.604[235], no dia 04/10/2007, chancelou a conclusão no sentido de ser constitucional a sanção de perda do mandato eletivo em caso de infidelidade partidária.

Da ementa do acórdão prolatado no MS nº 26.603/DF, destaca-se o seguinte trecho:

> **A essencialidade dos partidos políticos, no Estado de Direito, tanto mais se acentua quando se tem em consideração que representam eles um instrumento decisivo na concretização do princípio democrático** e exprimem, na perspectiva do contexto histórico que conduziu à sua formação e institucionalização, um dos meios fundamentais no processo de legitimação do poder estatal, **na exata medida em que o Povo - fonte de que emana a soberania nacional - tem, nessas agremiações, o veículo necessário ao desempenho das funções de regência política do Estado.** As agremiações partidárias, como corpos intermediários que são, posicionando-se entre a sociedade civil e a sociedade política, **atuam como canais institucionalizados de expressão dos anseios políticos e das reivindicações sociais dos diversos estratos e correntes de pensamento que se manifestam no seio da comunhão nacional.**
>
> [grifou-se]

A guinada no posicionamento jurisprudencial do STF e TSE, conferindo a titularidade do mandato parlamentar às agremiações

233 BRASIL. Supremo Tribunal Federal. *Acórdão no Mandado de Segurança nº 26.602/DF*. Relator: GRAU, Eros. Publicado no DJe de 16/10/2008.

234 BRASIL. Supremo Tribunal Federal. *Acórdão no Mandado de Segurança nº 26.603/DF*. Relator: MELLO, Celso de. Publicado no DJe de 19/12/2008.

235 BRASIL. Supremo Tribunal Federal. *Acórdão no Mandado de Segurança nº 26.604/DF*. Relator: LÚCIA, Carmen. Publicado no DJe de 03/10/2008.

partidárias, provocou profundos reflexos na dinâmica do relacionamento político-partidário no seio das Casas Legislativas, porquanto, com a drástica redução do fenômeno da migração partidária, passou-se a observar uma estabilização na composição das bancadas ao longo das legislaturas.

Com efeito, já na 53ª Legislatura (2007-2011), constatou-se uma efetiva redução no quantitativo de migrações partidárias no âmbito da Câmara dos Deputados. De acordo com pesquisa empreendida por Diego de Oliveira Machado, com base em dados da Secretaria-Geral da Mesa (atualizados até 04/05/2012), o número de migrações foi sendo reduzindo sensivelmente: 52ª Legislatura (348 migrações), 53ª Legislatura (100 migrações) e 54ª Legislatura (63 migrações)[236].

Outrossim, é forçoso reconhecer que o protagonismo dos partidos na organização interna do Parlamento - dado o critério de proporcionalidade partidária na composição das mesas diretoras e das comissões - reforça a preponderância da figura do líder. Tais reflexos serão abordados de forma mais acurada nos Capítulos 3 e 4 desta obra.

## 2.4. Conclusões parciais

A análise do processo de tomada de decisão política no Brasil pós-constituinte e da relação entre Executivo e Legislativo demonstra ser a "composição" o padrão de interação no âmbito do parlamento, em detrimento de um perfil de "confronto" entre atores políticos.

---

236 MACHADO, Diego de Oliveira. *Relação entre disciplina e infidelidade partidária na Câmara dos Deputados*. Brasília, 2012, 44p. Monografia (especialização) – Curso de Política e Representação Parlamentar, Câmara dos Deputados, Centro de Formação, Treinamento e Aperfeiçoamento (Cefor), 2013.

É exatamente a fragmentação do poder e o multipartidarismo que tonificam o aspecto consensual e de composição da democracia brasileira, uma vez que a aprovação de determinadas matérias (em especial no que tange às leis orçamentárias e às políticas fiscal e salarial) obriga o governo a entabular entendimento com os partidos e os líderes parlamentares de oposição.

É de se reconhecer que a atual configuração dos regimentos internos das Casas do Congresso Nacional, ao consignar às minorias parlamentares mecanismos significativos para efetivamente influenciar o processo político de tomada de decisões, viabiliza a prática democrática consensual, de modo que se vê mantida a dialética maioria-oposição e, também, os espaços de composição de conflitos e realização de acordos entre as forças políticas existentes no sistema pluripartidário brasileiro.

Ainda que centralize o espaço decisório no plenário e confira aos líderes e às Mesas grande parcela de prerrogativas sobre a condução dos trabalhos legislativos, os regimentos analisados disponibilizam às minorias instrumentos para se evitar eventuais posturas tirânicas da maioria. O respeito a tal configuração é, em grande parte, tributário da estrutura do regime democrático brasileiro, no qual se observa a rotatividade do poder. Tal panorama de constante alternação e rearranjo das forças políticas induz a uma relação consensual entre maioria e oposição, circundada e respaldada pelos regimentos internos. Afinal, o fato de ser alta a probabilidade de troca de papéis favorece a estruturação de uma oposição responsável e de uma maioria menos autoritária e aberta ao diálogo.

Diante de tal conjuntura, dadas as vicissitudes do processo de decisão política no Brasil, a governabilidade do Poder Executivo somente se mostra possível mediante a formação de uma base de sustentação política, conhecida pela denominação "presidencialismo de coalizão".

Nesse contexto, a viabilidade governamental demanda que a maioria parlamentar seja permanente e que a relação entre Executivo e Legislativo seja estabelecida entre a Presidência da República e os partidos políticos com assento no Congresso Nacional, reduzindo, assim, os custos da transação política.

Com efeito, em vista do poder de agenda e do controle de recursos não-legislativos por parte do Executivo (cargos públicos, recursos, verbas, investimentos, etc.), além da centralização do processo decisório nas mãos das lideranças, o governo detém uma posição estratégica para negociar o apoio de que necessita a partir de bases partidárias e não em moldes individuais.

O reconhecimento da relevância dos partidos políticos como instituições essenciais ao funcionamento de uma democracia representativa – na linha do que fora defendido por Hans Kelsen em sua teoria política – evidencia que o papel atribuído aos líderes na condução do processo legiferante somente se justifica quando as lideranças são entendidas como postos de representação das agremiações partidárias.

O líder afigura-se como o principal representante das agremiações partidárias no âmbito de cada Casa Legislativa. Destarte, a centralização das negociações políticas e a dinâmica do processo decisório nas matérias de interesse do Executivo influenciam, sobremaneira, a normatização nos regimentos internos dos meandros do processo legislativo, havendo sintomática concentração de poderes na Mesa Diretora e nos líderes partidários.

Como resultado de tal dinâmica, a partir dos regimentos internos, o líder é dotado de importantes instrumentos para influir no fluxo procedimental de discussão e votação das matérias legislativas, o que representa um "capital político" apto a credenciá-lo em negociações e acordos a respeito de uma determinada agenda parlamentar.

# 3. O Regimento Interno como Instrumento de Operacionalização do Processo Legislativo

## 3.1. Investigações em torno da natureza das normas regimentais no Estado Liberal: a "soberania" do Parlamento

Por desempenhar função de cunho essencial para a formação do Estado moderno, o Poder Legislativo sempre se ressentiu da necessidade de observância de determinado procedimento para o desenvolvimento direto ou indireto de atividades legiferantes.

O fenômeno se torna ainda mais latente a partir dos eventos de independência do Parlamento no contexto de solidificação do "Estado Liberal"[237] [238], quando são estabelecidas as bases

237 A respeito da formação histórica, caracterização e definição dos elementos essenciais do "Estado Liberal", foram adotadas no presente trabalho as premissas definidas em BONAVIDES, Paulo. *Do Estado Liberal ao Estado Social*. São Paulo: Malheiros, 2013, p. 39-78.

238 "O Estado Liberal surgiu como reação ao Estado absolutista, por isso marcado pela concepção individualista, com nítida separação entre Estado e sociedade. Na doutrina do liberalismo, o Estado é visto como maior inimigo da liberdade, pois foi sempre o fantasma que atemorizou o indivíduo. Em função disso, os direitos fundamentais estão amparados nos valores mais essenciais da época, decorrentes do pensamento burguês. Simbolizados pela tríade vida, propriedade e liberdade constituíam o centro de gravitação de todo ordenamento jurídico, de cunho formalista. O destinatário é o Estado e sua atuação dever-se-ia limitar à manutenção da ordem e a proteção das liberdades individuais, segundo um princípio de não intervenção" (LESSA, Alex Alves; AMORIM, Victor Aguiar Jardim de. A contribuição do estado de bem-estar social para a estruturação de

para a institucionalização da função legislativa, considerando-o como centro do poder político. O marco histórico de tal transformação é a "Revolução Gloriosa" ocorrida em 1688-1689 na Inglaterra[239], quando o Legislativo evidencia-se como um poder praticamente soberano[240].

Em tal contexto, extrai-se do art. 9º do *Bill of Rights*, de 13 de fevereiro de 1689, que "a liberdade de expressão e debates ou procedimentos no Parlamento não deve ser cassada ou questionada em qualquer tribunal ou local fora do Parlamento"[241]. Sir William Anson (1843-1914), inclusive, considera o *Bill of Rights* a fonte da supremacia parlamentar, de modo que a Revolução de 1688 deslocou a Coroa da posição dominante e, assim, abriu caminho para a prevalência do Parlamento face aos demais poderes constituídos[242].

---

um modelo político-institucional de busca pela efetividade dos direitos sociais. In: SANTIAGO, Marcus Firmino (org.). *Desjudicialização do debate sobre efetividade dos direitos sociais*, vol. 1. Brasília: IDP, 2014, p. 36).

239 ÁLVAREZ, Elviro Aranda. *Los actos parlamentarios no normativos y su control jurisdiccional*. Madrid: Centro de Estudios Políticos y Constitucionales, 1998, p. 45-48.

240 DE LOLME, Jean Louis. *Constitución de Inglaterra, o descripción del Gobierno inglés comparado con el democrático, y con las otras monarquías de Europa*. Oviedo: En la Oficina de Pedregal, 1812, p. 33 (disponível em: <http://www.cervantesvirtual.com/obra-visor/constitucion-de-inglaterra-o-descripcion-del-gobierno-ingles-comparado-con-el-democratico-y-con-las-otras-monarquias-de-europa--0/html/>. Acesso em: 20 jul. 2015): "*la base de la Constitución inglesa, y el principio fundamental de que dependen todas los demás, es que la autoridad legislativa pertenece al Parlamento solo: esto es, la facultad de establecer leyes, de abrogarlas, alterarlas o interpretarlas. El parlamento se compone del Rey, de la Cámara de los Lordes y de la de los Comunes*". Ainda nesse sentido: GARCÍA-PELAYO, Manuel. *Derecho Constitucional comparado*. Madrid: Alianza Editorial, 1991, p. 250-251.

241 Livre tradução do autor a partir do original: "*the freedom of speech and debates or proceedings in Parliament should not to be impeached or questioned in any court or place out of Parliament*" (disponível em: <http://www.legislation.gov.uk/aep/WillandMarSess2/1/2#reference-c2144673>. Acesso em: 19 jul. 2015).

242 HORTA, Raul Machado. *Direito constitucional*. Belo Horizonte: Del Rey, 2002, p. 146.

Por possuir status de verdadeiro poder soberano no Reino Unido, convencionou-se que competiria ao próprio Parlamento estabelecer os contornos e eventuais limites a respeito da autonomia parlamentar no que tange, principalmente, à liberdade do uso da palavra, ao funcionamento interno, à disciplina dos procedimentos e às regras de debate. Instituía-se a autonomia parlamentar nos mesmos moldes da autonomia então conferida ao Poder Judiciário conforme balizas preconizadas por Edward Coke (1552-1634)[243].

Com esteio em tal premissa, William Blackstone (1723-1780), em sua obra "Comentários sobre as Leis de Inglaterra", assevera que "*todo lo que se refiere a uma cámara del Parlamento debe ser examinado, discutido y juzgado en esa cámara y no em outro sitio*"[244].

É oportuno salientar, na esteira da observação de Raul Machado Horta, que, até o advento da Revolução Gloriosa e do *Bill of Rights*, a propagada supremacia parlamentar encontrava dois óbices: a Coroa e a oposição dos juízes da *common law*[245]. Nos séculos XVI e XVII, não raras foram as tentativas do Poder Judiciário inglês em buscar, com fundamento na superioridade do direito natural, limitações ao âmbito da ação parlamentar.

O fato é que, a partir do *Bill of Rights*, em 1689, a supremacia do Parlamento veio prevalecer com a chancela dos juízes da *common law*[246].

243 ÁLVAREZ, Elviro Aranda. *Los actos parlamentarios*..., p. 48.

244 ÁLVAREZ, Elviro Aranda. *Los actos parlamentarios*..., p. 47.

245 HORTA, Raul Machado. *Direito constitucional*..., p. 146.

246 Nesse sentido, Raul Machado Horta aponta o entendimento de destacados juristas ingleses como Albert Venn Dicey (1835-1922), James Bryce (1838-1922) e Courtenay Ilbert (1841-1924): "Para Dicey, não há poder que rivalize com o Parlamento, cuja supremacia é a verdadeira '*clef de voute de la loi de la Constitution*'. Esse poder parlamentar sugeriu, para defini-lo, os conceitos famosos de Blackstone, De Lolme e Tocqueville. Bryce, perfilhando idêntica concepção, vê no Parlamento o depositário supremo do poder popular, cuja vontade aboliria, se quisesse, a Igreja, a Câmara dos Lordes, a Coroa, a si próprio. Também para Sir Courtenay P. Ilbert,

O jurista britânico Albert Venn Dicey (1835-1922), em sua obra "*Introduction to the Study of the Law of the Constitution*" (1915), de forma dogmática, sistematizou os três elementos essenciais à caracterização da soberania parlamentar: a) poder de modificar livremente qualquer ato normativo, fundamental ou não; b) ausência de distinção entre leis constitucionais e ordinárias; c) inexistência de autoridade judiciária ou qualquer outra com poder de anular um ato do Parlamento ou considerá-lo nulo e inconstitucional[247].

No curso do século XVIII, o direito continental europeu é extremamente influenciado sobre as bases da "autonomia parlamentar" inglesa. Em França, na oportunidade dos debates iniciais da Assembleia Nacional Constituinte no ano de 1789, trava-se a discussão a respeito da necessidade de criação de um regulamento para assegurar o bom andamento dos trabalhos legislativos, tendo em vista a experiência das tumultuadas e improdutivas sessões anteriores. Dessa forma, em 29 de julho de 1789, é aprovado o regimento definitivo da Assembleia Constituinte, estabelecendo-se regras essenciais de funcionamento, notadamente os trâmites internos, a ordem dos debates e a concessão da palavra, denotando influência da prática parlamentar inglesa.

A experiência decorrente da organização e do funcionamento da Assembleia Constituinte - que culminou na promulgação da Constituição francesa em 1791 - foi basilar para a consolidação da independência do Poder Legislativo no "Novo Regime", que, a partir da novel carta constitucional, converteu-se em depositário da soberania nacional, cujas decisões eram capazes de materializar

---

o aspecto peculiar do Parlamento inglês reside em sua supremacia, que paira acima de qualquer autoridade, desconhecendo limitações de uma Constituição escrita" (HORTA, Raul Machado. *Direito constitucional...*, p. 148).

247 HORTA, Raul Machado. *Direito constitucional...*, p. 147.

a "vontade geral" da nação[248]. Destarte, foi o Parlamento dotado de meios de defesa contra eventuais investidas de outros Poderes, em especial o Judiciário, formado, em sua essência, por membros assaz privilegiados no *Ancien Régime*.

Nesse ponto, merece realce o alerta de Giuseppe Floridia no sentido de que a "independência" ostentada pelo Legislativo francês no pós-Constituição de 1791 não pode ser confundida com "soberania", porquanto esse seria um atributo exclusivo do poder constituinte[249]. De acordo com o jurista italiano, os primeiros textos constitucionais da França não se alinharam às teorias que propugnavam pela diferenciação e separação entre a "instituição" Parlamento e o ordenamento normativo geral, de modo que as normas parlamentares foram integradas ao último[250]. Como efeito natural, observou-se a incorporação pelo próprio texto constitucional de normas típicas de direito parlamentar, conforme se constata no art. 7º, Seção III, da Constituição de 1791[251].

É exatamente na ausência de distinção do "direito parlamentar" face às normas gerais que desponta a diferenciação do processo de incorporação da experiência inglesa por parte dos ale-

---

248 ÁLVAREZ, Elviro Aranda. *Los actos parlamentarios...*, p. 49.

249 FLORIDIA, Giuseppe. Il *Regolamento parlamentare nel sistema delle fonti*. Milão: A. Giuffrè Editore, 1986, p. 41-44.

250 FLORIDIA, Giuseppe. *Il Regolamento parlamentare...*, p. 46.

251 "*Article 7. - Seront néanmoins exécutés comme lois, sans être sujets à la sanction, les actes du Corps législatif concernant sa constitution en Assemblée délibérante; - Sa police intérieure, et celle qu'il pourra exercer dans l'enceinte extérieure qu'il aura déterminée; - La vérification des pouvoirs de ses membres présents ; - Les injonctions aux membres absents; - La convocation des Assemblées primaires en retard; - L'exercice de la police constitutionnelle sur les administrateurs et sur les officiers municipaux; - Les questions soit d'éligibilité, soit de validité des élections; - Ne sont pareillement sujets à la sanction, les actes relatifs à la responsabilité des ministres ni les décrets portant qu'il y a lieu à accusation*" (disponível em: <http://www.conseil-constitutionnel.fr/conseil-constitutionnel/francais/la-constitution/les-constitutions-de-la-france/constitution-de-1791.5082.html>. Acesso em: 12 fev. 2015).

mães em relação ao que se passou em França em fins do século XVIII. De acordo com Aranda Álvarez, se para a teoria constitucional francesa "*el Parlamento era el centro del sistema de gobierno, para el Derecho alemán es um componente más del Estado Administración*"[252]. Com efeito, "*la cuestión central que preocupará a la doctrina alemana será el ajuste de las normas parlamentarias com el Derecho objetivo del Estado*"[253].

De fato, foi precursora a doutrina alemã no que tange à investigação da natureza dos regimentos internos, sendo pioneiro nesse intento Paul Laband (1838-1918), segundo o qual, o regimento seria um "estatuto autônomo", expressão de um direito estatutário similar ao produzido no âmbito das corporações, obrigando, assim, apenas os membros da respectiva Câmara[254]. Logo, "*la separación entre la institución parlamentaria y el resto de la organización burocrática del Estado llega hasta el extremo de representar a la corporación parlamentaria distinta de la persona jurídica estatal*"[255].

A seu turno, inspirados na tradição inglesa, os juspublicistas alemães Rudolf von Gneist (1816-1895) e Julius Hatschek (1872-1926) propõem-se a assegurar a autonomia de ação do Parlamento, enaltecendo a autolegitimação do Poder Legislativo.

Ao discorrer a respeito da possibilidade de apreciação da regularidade na tramitação de lei por parte do Poder Judiciário, em conferência realizada no ano de 1863 na cidade de Berlim[256], Gneist

252 ÁLVAREZ, Elviro Aranda. *Los actos parlamentarios...*, p. 53.

253 ÁLVAREZ, Elviro Aranda. *Los actos parlamentarios...*, p. 53.

254 MARÍN, Tomás Vidal. *Los Reglamentos de las Asambleas Legislativas*. Madrid: Congreso de los Diputados, 2005, p. 58.

255 ÁLVAREZ, Elviro Aranda. *Los actos parlamentarios...*, p. 53.

256 GNEIST, Heinrich Rudolf Hermann Friedrich von. *Soll der Richter auch über die Frage zu befinden haben, ob ein Gesetz verfassungsmäßig zu Stande gekommen?*. Verhandlungen des Vierten Deutschen Juristentages. Berlin: Berlag von Julius Springer, 1863.

valeu-se, pela primeira vez, da expressão "*interna corporis*"[257] ao se referir à liberdade conferida ao Parlamento para regulamentar e dispor não apenas do procedimento de trabalho legislativo, mas também dos assuntos que lhe são submetidos. No caso, Gneist, propondo-se a responder sobre a admissibilidade de controle externo dos atos do Legislativo que se negou a aprovar determinada proposta orçamentária, afirmou que, em tese, tal controle seria possível, exceto se se tratar dos estágios de formação da lei no interior do Legislativo[258].

Hatschek, em sua obra "*Das Parlamentsrecht Des Deutschen Reiches*", editada em 1915, buscou evidenciar o caráter consuetudinário do direito parlamentar, derivado das práticas legislativas consagradas pelo uso contínuo e reiterado (*longus usus*)[259]. Por conseguinte, tratar-se-iam as normas regimentais de regras meramente convencionais, carentes, portanto, de força jurídi-

---

Disponível em: <https://play.google.com/books/reader?id=P1Z9BwAAQBAJ&printsec=frontcover&output=reader&hl=pt_BR>. Acesso em: 18 fev. 2015.

257 "[L]a concepción tradicional de *interna corporis* se refiere, por um lado, a la libertad em la ordenación de los temas de discusión, al modo de dirigir esas discusiones aí como al procedimento de deliberación; por outro, a la competencia exclusiva em la facultad de elaborar los "códigos" de procedimento, y lo que es más importante, la facultad de valorar discrecionalmente sobre el modo de aternerse a la disciplina parlamentaria e interpretar y modificar sus preceptos. Em definitiva, lo que se pretende es que la Cámara, em aquellas matérias que comiezan y concluyen em su interior, no este sometida a ningún control externo. Em última instancia, la concepción amplia de *interna corporis* es uma propuesta más em la idea clássica de garantizar la independência del Parlamento y los parlamentários, em el ejercicio de sus funciones institucionales frente a los demás poderes públicos" (ÁLVAREZ, Elviro Aranda. *Los actos parlamentarios*..., p. 55).

258 CASTILLO, Antonia Navas. *El Control Jurisdiccional de los Actos Parlamentarios sin Valor de Ley*. Madrid: Editorial Colex, 2000, p. 65.

259 HATSCHEK, Julius. *Das Parlamentsrecht Des Deutschen Reiches*. Berlin: De Gruyter, 1973. Disponível em: <https://books.google.com.br/books?id=VtMCS1MFzvgC&printsec=frontcover&hl=pt-BR#v=onepage&q&f=false>. Acesso em: 19 fev. 2015.

ca, de modo que sua vigência derivaria tão somente de uma "facticidade empírica"[260].

Em França, na mesma linha de Hatschek, Maurice Hauriou (1856-1929), que também se notabilizou por distinguir o Estado da sociedade, ressaltou a natureza consuetudinária dos regimentos das Casas Legislativas, que não passam de simples acordos e práticas parlamentares, "*cuyo cumplimento por parte de los integrantes de las Cámaras se reserva a estas últimas a través de sus proprios instrumentos, sin que puedan intervir al respecto los jueces, los cuales no serían competentes para conocer de ellos*"[261].

Léon Duguit, na obra "*Manuel de Droit Constitutionnel*", cuja primeira edição circulou em 1921, define o regimento como um conjunto de disposições que determinam, sistemicamente, a ordem e método de trabalho de cada Casa Legislativa, tratando-se, a seu ver, de uma espécie de "direito interno"[262]. Quanto à tendência de incorporação de normas específicas de direito parlamentar nos textos constitucionais observada nos primórdios do "Novo Regime" francês (vide art. 7º, Seção III, da Constituição de 1791), pontua Duguit que "pela força das coisas, os regulamentos das Casas Legislativas, muitas vezes, contêm disposições importantes que poderiam encontrar o seu lugar na lei constitucional"[263].

Para o jurista francês, os regulamentos das Casas Legislativas não são leis, mas, simplesmente, resoluções, ou seja, disposições normatizadas por uma única Câmara. Cada regulamento é apli-

260 MARÍN, Tomás Vidal. *Los Reglamentos...*, p. 54-55.

261 MARÍN, Tomás Vidal. *Los Reglamentos...*, p. 57.

262 Livre tradução do autor a partir do original: "*par la force des choses, les règlements des assemblée politiques contiennent souvent des dispositions très importantes, qui pourraient très justement trouver leur place dans la loi constitutionnelle*" (DUGUIT, Léon. *Manuel de droit constitutionnel*: théorie gènèrale de l´État. 4. ed. Paris: E. de Boccard Éditeur, 1923, p. 430).

263 DUGUIT, Léon. *Manuel de droit constitutionnel...*, p. 430.

cado apenas no âmbito da Casa que o aprovou, tornando-se obrigatório a partir do momento em que é votado, sem a necessidade de promulgação ou mesmo publicação[264]. O fato de não ser o regimento uma lei, resulta na impossibilidade de conter disposições que lhe são contrárias, não apenas em relação à lei constitucional, mas, também, quanto a qualquer lei ordinária.

Na mesma linha de Duguit, o jurista brasileiro Carlos Maximiliano Pereira dos Santos (1873-1960), em seu livro "Comentários à Constituição Brasileira de 1891", originalmente editada em 1918, assevera que o regimento interno é apenas dotado de força de lei no âmbito da Casa Legislativa que o tenha editado, não atingindo, portanto, terceiros "estranhos" à atividade parlamentar. Contudo, a liberdade de normatização interna do Parlamento encontraria limites nos direitos fundamentais e na lei constitucional[265].

Ainda no âmbito da doutrina francesa de valorização da autonomia do Poder Legislativo, Joseph Barthelemy e Paul Duez, no "*Traité de Droit Constitutionnel*", de 1933, destacam que, a despeito de seu caráter consuetudinário, por resultarem de um acordo de

264 DUGUIT, Léon. *Manuel de droit constitutionnel...*, p. 431.

265 "O Regimento Interno é lei somente para a assembléa que o decretou, não obriga a pessoas estranhas senão quando se acham no recinto do parlamento ou ao serviço de um dos ramos deste. Regula a organização de cada câmara, a começar pela verificação e reconhecimento de poderes; estabelece o numero e as atribuições das commissões permanentes, uma das quaes é a de Policia, constituída pela Mesa; dispõe sobre a ordem dos trabalhos, a disciplina geral da casa e os deveres dos funccionarios desta. Nenhum poder estranho a uma assembléa toma parte na elaboração do Regimento Interno. Este entra em vigor logo que é votado por Ella; não há promulgação nem sanção [...] Não pode o Regimento Interno violar direitos fundamentais, nem transpor as restrições da lei básica; há mister também exista relação razoável entre o modo ou methodo de conducta estabelecido por elle e o resultado que se pretende attingir. Dentro destes limites é ampla a faculdade reguladora outorgada a cada uma das camaras" (MAXIMILIANO, Carlos. *Comentários à Constituição Brasileira de 1891*. Brasília: Senado Federal, Conselho Editorial, 2005, p. 287-288).

vontade entre os parlamentares, os regimentos obrigam juridicamente toda a Câmara, "sobrevivendo" a distintas legislaturas[266].

De se notar que os juspublicistas alemães e franceses, até o início do século XX, admitiam a autolegitimação dos parlamentos tendo por pressuposto a separação entre Estado e sociedade, de modo que seria a Câmara um órgão da sociedade e os parlamentares membros livres e iguais de uma associação[267]. Com efeito, "*com su constitución se estipula um 'pacto' que garantice su buen funcionamiento, de tal manera que tal pacoto solo vale para aquellos que ló han estipulado y no para Asambleas venideras*"[268].

Objetivando romper com tal entendimento, Georg Jellinek (1851-1911), em seu trabalho "*System der subjektiven öffentlichen Rechte*", de 1892, assevera que o Parlamento constitui-se como um órgão do Estado, de forma que o direito parlamentar possui natureza estatal, cuja inobservância ou descumprimento não representaria uma violação de um direito subjetivo, mas uma lesão ao ordenamento objetivo do Estado[269].

Com esteio em tais pressupostos, Jellinek afirma que os regimentos internos são integrados por normas de naturezas distintas. Aquelas destinadas a disciplinar o procedimento de votação, a participação nas sessões, as interpelações de autoridades e as eleições para a direção da Câmara possuem natureza jurídica, integrando, dessa forma, a organização estatal. A seu turno, as determinações a respeito das moções, sucessão dos oradores e a

266 MARÍN, Tomás Vidal. *Los Reglamentos...*, p. 59.

267 ÁLVAREZ, Elviro Aranda. *Los actos parlamentarios...*, p. 66.

268 ÁLVAREZ, Elviro Aranda. *Los actos parlamentarios...*, p. 68.

269 JELLINEK, Georg. *System der subjektiven öffentlichen Rechte*. Mohr: Freiburg im Breisgau, 1892. Disponível em: <https://archive.org/stream/systemdersubjek00jellgoog#page/n9/mode/2up>. Acesso em: 12 fev. 2015.

forma de votações têm caráter de regulamentos administrativos e, assim, não ostentam o *status* de norma jurídica[270].

A seu turno, os espanhóis Luis Sánchez Agesta[271] e Leon Matinez Elipe[272] consideram que o regimento interno não é apenas "lei interna", mas sim "lei material", porquanto a sua abrangência e aplicabilidade extrapolam os limites da respectiva Casa Legislativa, afetando terceiros e as relações interinstitucionais entre Poderes e demais autoridades.

Fato é que, a partir do final da década de 1910, observou-se um fenômeno denominado pelo jurista russo Boris Mirkine-Guetzevitch de "racionalização do poder", caracterizado pelo enquadramento do fenômeno político pela norma jurídica da Constituição[273]. Tal foi o observado nos textos constitucionais da Alemanha (1919), da Áustria (1920) e da Espanha (1930), que alargaram "o conteúdo material da Constituição do domínio das regras técnicas de organização dos Poderes e de suas competências e na introdução de novos temas no documento constitucional"[274].

Como será visto no próximo tópico, a "racionalização do parlamentarismo" se acentuou no pós-guerra, diante do desenvolvimento do chamado "Estado Constitucional".

---

270 MARÍN, Tomás Vidal. *Los Reglamentos...*, p. 76-77.

271 SANCHEZ AGESTA, Luis. El Reglamento Parlamentario. *Revista de la Facultad de Derecho de la Universidad Complutense de Madrid*, Madri, n. 73, p. 345, 1987-1988.

272 MARTÍNEZ ELIPE, León. Fuentes del derecho y del ordenamento juridico parlamentario. In: *I Jornadas de Derecho Parlamentario*, Cortes Generales, Madrid, vol. 2, p. 413-503, 1985. Disponível em: <http://www2.congreso.gob.pe/sicr/cendocbib/con2_uibd.nsf/194F11E09484D800052577AE00669037/$FILE/FuentesdelDerechoydelOrdenamientoJuridico.pdf>. Acesso em: 14 fev. 2015.

273 HORTA, Raul Machado. *Direito constitucional...*, p. 643.

274 HORTA, Raul Machado. *Direito constitucional...*, p. 644.

## 3.2. O advento do Estado Democrático de Direito: constitucionalização do direito parlamentar

O fim da Segunda Guerra Mundial e o advento do Estado Democrático de Direito no continente europeu, caracterizado pela valorização e reconhecimento da Constituição como norma suprema do ordenamento jurídico ("Estado Constitucional"), parece pôr termo à corrente de pensamento, gestada sob o pálio do Estado Liberal, tendente a sustentar uma "técnica de liberdade do Parlamento", atribuindo-lhe ares de soberania para fazer frente aos demais Poderes[275].

O Estado Democrático de Direito, nos dizeres de Gustavo Zagrebelsky, "destrona" a Lei como a mais alta instância do ordenamento jurídico, que deixa de ser a medida exclusiva de todas as coisas no campo do Direito, papel esse que a passa a ser assumido pela Constituição, que converte a própria Lei em objeto de medição[276]. Logo, é a Constituição que passa a desempenhar a função de manter a união e a paz da sociedade, retirando tal missão da Lei e, consequentemente, desmistificando o papel do Parlamento[277].

275 ÁLVAREZ, Elviro Aranda. *Los actos parlamentarios...*, p. 57.

276 ZAGREBELSKY, Gustavo. *Il diritto mite*. Turín: Einaudi Editore, 1992, p. 48-49.

277 "*La supremacia de la Constitución y su ubicación central em la validez de todo el ordenamiento jurídico obliga a que la interpretación de sus normas – también las parlamentarias – se deban hacer de acuerdo com dichos princípios y reglas. La soberania del Parlamento decae em favor de su consideración como órgano constitucional – Poder constituído – sometido al Derecho estatal. Por ello, tanto su función como su estructura y relación con el resto de órganos constitucionales se há de hacer desde la posición que a cada uno les há atribuído la Constitución, sin que ello suponga, a nuestro entender, restar presunción de legitimidad constitucional al Parlamento y sus decisiones*" (ÁLVAREZ, Elviro Aranda. *Los actos parlamentarios...*, p. 58-59).

Surge, assim, uma nova compreensão de direitos fundamentais fundada em um paradigma de Estado Democrático[278]. Como bem destaca José Afonso da Silva, o novo paradigma funda-se na soberania popular e implica a efetiva participação do povo na coisa pública. Tal participação, não se exaure na mera existência de instituições representativas (a despeito de constituírem um estágio de evolução do Estado Democrático, mas não seu completo desenvolvimento), visando a "realizar o princípio democrático como garantia geral dos direitos fundamentais da pessoa humana"[279].

Com efeito, a partir de tais pressupostos paradigmáticos, a cidadania é compreendida como participação efetiva no processo decisório, assumindo o cidadão uma postura ativa na formação das vontades políticas. Logo, consoante a afirmação de Jürgen Habermas, é redefinida a dicotomia público/privada existente nos paradigmas anteriores (Estado Liberal e Estado Social), estabelecendo-se um nexo de complementariedade entre a autonomia privada e a autonomia pública dos cidadãos de modo a conferir sentido democrático à auto-organização de uma comunidade jurídica[280].

Tais características qualificam o "Estado Constitucional", conceito identificado pelo constitucionalismo moderno[281]. E essa

---

278 BONAVIDES, Paulo. *Curso de Direito Constitucional*. São Paulo: Malheiros, 1997, p. 524-526.

279 SILVA, José Afonso. *Curso de Direito Constitucional*. São Paulo: Malheiros, 2003, p. 116-117.

280 HABERMAS, Jürgen. *Direito e democracia...*, vol. 1, p. 138-139; HABERMAS, Jürgen. *Direito e democracia*: entre facticidade e validade, vol. 2. Tradução: Flávio Beno Siebeneichler. Rio de Janeiro: Tempo Brasileiro, 2012, p. 145-146.

281 "O Estado Constitucional, para ser um estado com as qualidades identificadas pelo constitucionalismo moderno, deve ser um **Estado de direito democrático**. Eis aqui as duas grandes qualidades do Estado constitucional: Estado de *direito* e Estado *democrático*. Estas duas qualidades surgem muitas vezes separadas. Fala-se e, Estado de direito, omitindo-se a dimensão democrática, e alude-se a Estado democrático silenciando a dimensão de Estado de direito. Esta dissociação corresponde,

transformação influencia diretamente as teorias sobre os limites da independência do Poder Legislativo (agora, mais do nunca, limitado por uma Constituição) e, consequentemente, a natureza dos regimentos internos.

Na concepção de Jordi Capo Giol, o Parlamento perde seu *status* de soberano, porquanto suas competências não estão à disposição de um direito próprio (corporativo), na medida em que quem as outorga é a própria Constituição. Ademais, fica evidente que os poderes do Estado não fundamentam a sua legitimidade a partir de uma concessão parlamentar, sendo que, também, o Poder Legislativo não se autolegitima, atuando simplesmente por delegação dos cidadãos a quem, de fato e em última instância, pertence o poder[282].

É com esteio em tal compreensão que a doutrina italiana sobre o tema se desenvolve a partir da década de 1950. Alfonso Tesauro consigna que os regimentos não constituem normas *interna corporis* pelo fato de que as Câmaras, assim como quaisquer outros órgãos estatais, estão destinadas a realizar fins do Estado e, assim, exercer os poderes jurídicos através do desenvolvimento das funções de legislação e execução. Com efeito, os regimentos estão destinados a realizar a função de integração da Constituição para

---

por vezes, à realidade das coisas: existem formas de domínio político onde este domínio não está domesticado em termos de Estado de direito e existem Estados de direito sem qualquer legitimação em termos democráticos. O *Estado constitucional democrático de direito* procura estabelecer uma conexão interna entre democracia e Estado de direito" [grifo no original] (CANOTILHO, José Joaquim Gomes. *Direito constitucional e teoria da Constituição*. 7. ed. Coimbra: Almedina, 2008, p. 93).

282 CAPO GIOL, Jordi. *La institucionalización de las Cortes Generales*. Barcelona: Universidad de Barcelona, 1983, p. 14. Disponível em: <http://booklegit.com/wp-content/themes/canvas/download/pdf.php?name=La_Institucionalizacion_De>. Acesso em: 15 fev. 2015.

dispor sobre a organização e atividades do Poder Legislativo[283]. Em igual sentido, Vezio Crisafulli pontua que os regimentos são dotados de juridicidade por serem produto da atividade normativa de um poder do Estado cujas funções encontram-se expressamente previstas no texto constitucional[284].

Diante da emergência do "Estado Constitucional", parece restar superada a ideia do regimento como fonte primária do direito parlamentar, porquanto, o eixo e o centro do ordenamento jurídico passa a ser ocupado, em caráter indubitável e absoluto, pela Constituição.

O regimento interno é, então, considerado como complemento direto das disposições constitucionais, imprescindível ao estabelecimento de detalhes e minúcias da "regra do jogo" e, assim, à operacionalização prática e efetiva do processo legiferante[285]. E é, exatamente, no texto constitucional que a regulamentação do processo legislativo via regimento encontra seus limites.

Destarte, dois aspectos de extrema importância reorientam as teorias a respeito da natureza dos regimentos, em especial aquelas lastreadas na tradição do parlamentarismo inglês: a) as normas de direito parlamentar ostentam juridicidade, porquanto emanadas de um órgão pertencente ao Estado; b) a "constitucionalização" do direito parlamentar[286].

---

283 TESAURO, Alfonso. Sulla natura giuridica dei regolamenti parlamentari. *Rassegna di Diritto Publico*, Nápoles, p. 193-206, 1959. Disponível em: <http://documenti.camera.it/bpr/13727_testo.pdf>. Acesso em: 13 fev. 2015.

284 CRISAFULLI, Vezio. Gerarchia e competenza nel sistema costituzionale delle fonti. *Rivista Trimestrale de Diritto Pubblico*, Milão, n. 1, p. 775-810, jan./mar. 1960.

285 AZEVEDO, Luiz Henrique Cascelli de. In: MENDES, Gilmar Ferreira; STRECK, Lenio Luiz. In: CANOTILHO, J. J. Gomes. *Comentários à Constituição do Brasil*. São Paulo: Saraiva/Almedina, 2013, p. 1048-1050.

286 "*Pero se tiene que destacar que la constitucionalizacíon del Derecho parlamentario no se ha limitado a las relacionaes interinstitucionales sino que, en muchos sentidos, ha sido la propia Constitución la que se ha preocupado de los aspectos más estrictamente*

Diante de tal quadro e no afã de garantir a independência do Poder Legislativo no contexto da "nova" configuração institucional do "Estado Constitucional", ganham relevo os empreendimentos teóricos no sentido de reputar o regimento interno como conjunto de normas de diversas naturezas.

Nesse intento, Temistocle Martines assevera ser impossível reduzir a um fundamento jurídico único a variedade existente de normas regimentais. Para tanto, propõe uma classificação de tais normas em três grandes grupos: a) normas de direta referência em disposição constitucional (fundamento constitucional); b) normas que regulam relações entre as Câmaras e seus membros (poder de supramacia especial); c) normas que estabelecem a organização interna da Câmara (típico poder de regulamentação interna conferido a todo e qualquer órgão estatal). Contudo, somente a algumas delas se poderá atribuir caráter de normas jurídicas, tais como as normas de execução das disposições constitucionais e, entre as normas de supremacia especial, somente as concernentes ao poder disciplinar. Outrossim, careceriam de juridicidade as normas de polícia interna e de organização intestina do Parlamento[287].

Em sentido similar, Marino Bon Valsassina alterca que não existe uma única categoria de normas nos regimentos parlamentares, havendo, a seu ver, duas espécies, cada qual com um fundamento e uma natureza jurídica distinta. A partir de tal afirmação, o jurista italiano assinala que existem nos regimentos: a) normas

---

*parlamentarios, como la composición, funcionamiento y organización interna de las Cámaras* [...] *Esta dirección, que amplía el campo de constitucionalización del marco parlamentário, se ha acentuado posteriormente en el constitucionalismo más reciente*" (MARTÍNEZ ELIPE, León. Fuentes del derecho y del ordenamento juridico parlamentario..., p. 420-421).

287 SILVIO, Traversa. La natura giuridica delle norme dei regolamenti parlamentari. In: LONGI, Vincenzo (org.). *Il regolamento della Camera dei Deputati*: storia, istituti, procedure. Roma: Camera dei Deputati, 1968, p. 26-29. Disponível em: <http://documenti.camera.it/bpr/3121_testo02.pdf>. Acesso em: 14 fev. 2015.

internas: são aquelas que não pertencem ao ordenamento jurídico geral do Estado e sim ao "ordenamento particular" da instituição legislativa, pelas quais a Câmara se autogoverna e, em virtude de uma relação de supremacia especial, regulamenta a conduta de seus membros e daqueles que, por questões circunstanciais, com ela se relacionam; b) normas externas: são aquelas que incidem sobre a esfera jurídica de terceiros, caracterizadas por ser uma manifestação imediata de autonomia do Poder Legislativo, mas subordinada à Constituição[288].

Representando o pensamento da doutrina espanhola sobre o tema, Fernando Santaolalla López defende a classificação das normas regimentais em três categorias: a) normas de reprodução expressa da Constituição; b) "normas regimentais integrativas", que desenvolvem, ampliam ou interpretam as normas constitucionais a respeito do procedimento legislativo; c) normas regimentais inovadoras, que disciplinam aspectos ou questões não previstos no diploma constitucional[289].

Com efeito, ao apresentar distinções e categorias de normas regimentais, há um claro propósito de delimitação da abrangência de vinculação de tais normas quanto ao regramento do trâmite das proposições legislativas, no sentido de que a submissão do Parlamento a seus próprios regimentos somente seria inexorável quando as normas regimentais ostentassem "dimensão constitucional". Logo, por exclusão, a disciplina interna e inovadora das Casas Legislativas – inclusive colmatando omissões constitucionais – constituiriam "um único núcleo irredutível da autonomia

288 MARÍN, Tomás Vidal. *Los Reglamentos...*, p. 78-79.

289 LÓPEZ, Fernando Santaolalla. *Derecho Parlamentario Español*. Madrid: Dykinson, 2013, p. 48.

parlamentar, cujo cumprimento não poderia ser valorado pelo Tribunal Constitucional", nos dizeres de Andrea Manzella[290].

Não obstante, forte no "paradigma" inaugurado com o "Estado Constitucional", parte considerável dos juristas que se debruçaram sobre o assunto passa a defender a plena integração das normas regimentais ao ordenamento jurídico e, enquanto regras de direito positivo dotadas de previsão constitucional, a sua obrigatória observância[291] por todos os seus destinatários, não apenas os internos (os parlamentares), mas todo e qualquer cidadão ou autoridade.

> A natureza dos regimentos das assembleias políticas está longe de ser pacífica. Seja ela qual for, se as próprias assembleias podem modificar as normas regimentais quando lhes aprouver, não poderão dispensar-se de as cumprir enquanto estiverem em vigor. Quando o Parlamento vota uma lei, ou uma resolução, o objecto da deliberação é o projecto ou a proposta e não o regimento; essa deliberação tem de se fazer nos termos que este prescreve e não pode revestir o sentido de modificação tácita ou implícita das suas regras. O princípio que aqui se projecta para além do princípio hierárquico é sempre o de que o órgão que pode modificar a lei sob que vive deve, pelo menos, fazê-lo específica e directamente. Doutro modo, frustrar-se-ia a missão ordenadora do Direito e comprometer-se-ia a própria idéia de institucionalização jurídica do poder.[292]

290 MANZELLA, Andrea. *Il Parlamento.* Bolonia: Il Mulino, 1977, p. 229.

291 A respeito da vinculatividade normativa dos regimentos internos das Casas Legislativas, vide: CANOTILHO, José Joaquim Gomes. *Direito constitucional...*, p. 922-923; BARBOSA, Leonardo Augusto de Andrade. *Processo Legislativo e Democracia.* Belo Horizonte: Del Rey, 2010, p. 173-192; BERNARDES JÚNIOR, José Alcione. *O controle jurisdicional do processo legislativo.* Belo Horizonte: Fórum, 2009, p. 110-111.

292 MIRANDA. Jorge. *Teoria do Estado e da Constituição.* Rio de Janeiro: Forense, 2003, p. 486.

Partindo da análise de Jorge Miranda, constata-se que a atribuição de juridicidade e cogência incondicional e ampla ao regimento interno é calcada no pressuposto da institucionalização jurídica do poder e, consequentemente, na onipotência do Judiciário para apreciar, inclusive, as "circunstâncias políticas" (na expressão de Jeremy Waldron[293]), posto que, em última instância, a "constitucionalização" total do Estado fundamentaria a legitimidade da apreciação jurisdicional.

## 3.3. O regimento interno: entre a rigidez normativa e a dinamicidade do processo político

Diante da expansão da regulamentação pelo próprio texto constitucional dos aspectos procedimentais e da rotina de funcionamento dos Poderes, é mister empreender uma análise quanto à tensão existente entre uma disciplina constitucional mais verticalizada a respeito da matéria legislativa e a dinamicidade política inerente à lógica da engrenagem parlamentar, consoante exposto nos Capítulos 1 e 2 deste trabalho.

Trata-se, portanto, de tentativa de estabelecimento ou conformação das balizas atinentes à autonomia parlamentar no contexto do atual paradigma do Estado Democrático de Direito, no qual está implícita a superação do ideal liberal de "soberania" de desígnios do Parlamento.

Na concepção do jurista italiano Andrea Manzella, a Constituição estabelece em seu conteúdo um quadro de atribuições e princípios procedimentais de natureza elementar, conferindo um espaço ao poder autonormativo do Poder Le-

293 WALDRON, Jeremy. *Law and Disagreement*. Oxford: Oxford University Press, 2004, p. 102-103.

gislativo de colmatar a disciplina referente ao procedimento e funcionamento interno em atenção à dinâmica e vicissitudes do funcionamento parlamentar[294].

Leon Matinez Elipe sustenta que a crescente rigidez oriunda da regulação constitucional do direito parlamentar poderá ser resolvida a partir da própria "espontaneidade e dinamicidade" do Parlamento[295], viabilizando a mitigação da rigidez dos textos escritos "*acomodando sus normas a la realidad social del momento e, incluso, si fuera preciso, modificándolos o dejándolos obsoletos*"[296].

O entendimento a respeito da rigidez constitucional em torno do direito parlamentar supostamente calcado na supremacia da Constituição conduz, de fato, à acentuada limitação do Poder Legislativo para disciplinar internamente sobre as minúcias do procedimento de formação das leis, levando em conta os aspectos da dinamicidade inerente aos processos políticos.

Daí ser a flexibilidade um traço característico e, até mesmo, intrínseco do direito parlamentar[297], de tal modo que a prolixidade e a excessiva regulamentação dos trabalhos inviabiliza

---

294 MANZELA, Andrea. *Il Parlamento*..., p. 22.

295 MARTÍNEZ ELIPE, León. Fuentes del derecho y del ordenamento juridico parlamentario..., p. 421.

296 MARÍN, Tomás Vidal. *Los Reglamentos*..., p. 46.

297 "*La flexibilidad es un rasgo distintivo del Derecho Parlamentario en su parte funcional, pero también en la organizacional. Como ya se ha comentado, el Derecho Parlamentario es flexible y sumamente dinámico; los Parlamentos, a decir de Martínez Elipe no son solamente órganos de preparación de leyes sino, fundamentalmente, de adopción de decisiones políticas; tal es el carácter que se tiene que dar incluso al acto de aprobación de leyes.* ***Decisiones políticas que deben ser normadas en forma suficientemente amplia y flexible para no anclar la decisión política. La racionalización y flexibilidade debe caracterizar al Derecho Parlamentario y específicamente, a los Reglamentos de las asambleas representativas***" [grifou-se] (GÓMEZ, Juan Carlos Cervantes. *Derecho Parlamentario*: organización y funcionamento del Congreso. Mexico: Cámara de Diputados, CEDIP, 2012, p. 43).

saídas negociadas e consensuais não vislumbradas em um primeiro momento[298].

A seu turno, Francisco Berlín Valenzuela, ao destacar a característica rígida dos regimentos internos "escritos", realça a importância de estabelecimento de mecanismos de adaptação dos procedimentos parlamentares em virtude da dinâmica política.

> En la actualidad se distinguen dos tipos de reglamentos que son: el *tipo inglés*, en el cual la función normativa se recoge en reglas que fueron surgiendo consuetudinariamente de acuerdo con las necesidades del trabajo parlamentario y, el *tipo continental*, que considera a los reglamentos como si fueran "codigos parlamentarios" expedidos en consonacia con la autonomía e independencia de las cámaras, conformando un cuerpo jurídico ordenado y sistematizado para regular su funcionamento y organización.
>
> A pesar de la rigidez que suelen tener los reglamentos de tipo continental, su existencia es necesaria porque permite a las asambleas colegiadas determinar por sí mismas la forma en que deban conducir sus tareas, sin interferencias ajenas, teniendo cada nueva legislatura la facultad de modificarlos cuando lo estime conveniente, **sin perjuicio también de que a través de acuerdos y prácticas parlamentarios se vayam adaptando el trabajo parlamenta-**

298 "*[L]a norma parlamentaria relativa a la organización y funcionamento de las Cámaras no debe ser [...] ni larga, porque normalmente conduce a la prolijidad y al excesivo detalhe, ni categórica e inflexible,* ***porque impide una solución en función de circunstancias impensables en un momento inicial, ni cerrada en sí misma, ya que impide una opción distinta a la general en el caso especial que lo requiera así***" (PRIETO, Luis María Cazorla. Problemas de la organización y el funcionamiento de los Parlamentos actuales. In: MORALES, Ángel Garrorena (org.). *El Parlamento y sus transformaciones actuales*. Madrid: Tecnos, 1990, p. 352).

> **rio a las nuevas exigencias que la dinámica política va generando en la vida de las naciones.**[299]
>
> [grifou-se]

Considerando a atual quadra de desenvolvimento do constitucionalismo contemporâneo em países que adotam textos constitucionais prolixos e analíticos - o que já implica acentuada "constitucionalização do direito parlamentar" -, admitir a ampliação máxima da materialidade constitucional das normas regimentais é relegar a suposta autonomia do Parlamento ao campo da história.

É exatamente nesse ponto que reside a crítica à postura de conferir legitimidade ao Poder Judiciário para atribuir a "materialidade constitucional" a determinadas normas regimentais[300]. De

---

299 VALENZUELA, Francisco Berlín. *Derecho Parlamentario*. Mexico: Fondo de Cultura Económica, 1994, p. 82-83.

300 Nesse sentido: SILVA FILHO, Derly Barreto e. *Controle dos atos parlamentares pelo Poder Judiciário*. São Paulo: Malheiros, 2003, p. 187: "Interpretação regimental não é ato *interna corporis*; é atividade imanente à aplicação de determinada norma jurídica, cujo conteúdo, significado e alcance devem ser revelados para que ela incida num caso concreto. Ao controlar a atividade dita *interna corporis* do Poder Legislativo – tal como acontece com a fiscalização de ato jurídico público praticado por qualquer outro órgão estatal – o Judiciário também interpreta normas jurídicas (no caso, os dispositivos dos Regimentos), a fim de verificar a legitimidade da atuação parlamentar. Ao fazê-lo, não usurpa competência exclusiva do legislador, apenas extrai o sentido dos preceitos regimentais, para aplicá-los, dirimindo, assim, um conflito de interesses como outro qualquer". Em igual conclusão, Tomás Vidal Marín afirma: ***"[N]o vemos ningún inconveniente para afirmar que los Reglamentos de las Cámaras Legislativas forman parte del bloque de la constitucionalidad*** *en lo que respecta a lós vícios em El procedimiento de formación de la Ley [...] [L]a infracción de las normas reglamentarias atinentes al procedimiento de elaboración de las Leyes conllevará la violación mediata de aquellas normas constitucionales que reenvían a aquéllos la regulación del referido procedimiento [...] Ahora bien, ¿cualquier infracción de las normas reglamentarias atinentes al procedimiento legislativo há de conllevar la inconstitucionalidad formal de las Leyes? [...] Por ello, precisamente, no toda infracción de los trámites procedimentales previstos reglamentariamente há de llevar aparejada la invalidez de la Ley, puesto que si ello fuera aí llegaríamos em ocasiones a resultados completamente desproporcionados [...]* ***Pero ¿cuál será El critério que permita discenir***

se notar que, nesse contexto, existe uma superposição de Poderes e não uma relação harmônica ou de *check and balances*, afinal, ainda que haja consenso (o que envolve a minoria), a manifestação política estaria sendo substituída pela apreciação jurídica de um pequeno número de juízes[301].

Em consequência, se observa a plena juridicialização do processo legislativo, retirando do Parlamento, sob a alegação de estabelecimento da segurança jurídica e da criação de instrumentos de defesa da minoria, a possibilidade de disciplinar, em última ins-

---

***cuándo estamos em presencia de um vicio invalidante y cuándo no?*** *[S]ólo las infracciones de las normas de los Reglamentos Parlamentarios atinentes al procedimiento legislativo que conlleven uma variación sustancial de la voluntad del órgano legislativo, em cuanto que suponen uma conculcación del pluralismo político, serán susceptibles de ser considerados vícios esenciales o invalidantes em orden a la declaración de inconstitucionalidad de la Ley [...]* ***Es por ello por ló que creemos conveniente que sea la propia jurisdicción constitucional la que, siempre a partir del referido critério, determine em cada caso concreto si la infracción procedimental constituye um vicio esencial, invalidante, y cuándo no***" [grifou-se] (MARÍN, Tomás Vidal. *Los Reglamentos...*, p. 187-189).

301 Destaca-se, por oportuno, as palavras de Dieter Grimm, *in verbis*: "Disso sofre a separação entre direito e política, pois a aplicação do direito torna-se forçosamente o seu próprio criador de normas. A tarefa política da decisão programadora passa para as instâncias que devem tomar decisões programadas e que somente para tanto estão legitimadas a aparelhadas. Isso não tinge apenas a vinculação legal da administração. **Onde faltam critérios legais que determinem a conduta dos destinatários da norma de forma suficiente, a jurisdição também não pode fiscalizar se os destinatários se comportaram legalmente ou não. Porém, se ela aceitar sua missão de fiscalização, ela não vai mais utilizar critérios preestabelecidos, mas impor suas próprias noções de exatidão. Dessa maneira, ela se transforma, em escala intensificada, em poder político que, ele mesmo, assume funções de legislação. Então, a decisão política migra para onde ela não tem que ser responsabilizada politicamente, enquanto que à responsabilidade política não corresponde mais nenhuma possibilidade decisória. Nesse ponto, no nível da aplicação do direito paira a ameaça de uma nova mistura das esferas funcionais de direito e política, para a qual ainda não são visíveis soluções convincentes nos dias de hoje**" [grifou-se] (GRIMM, Dieter. *Constituição e Política*. Tradução: Geraldo de Carvalho. Belo Horizonte: Del Rey, 2006, p. 19-20).

tância, os espaços deliberativos de colmatação do procedimento legiferante conferido pela própria Constituição.

Conforme formulação do jurista brasileiro Francisco Campos, ainda que sob a égide de Constituições rígidas, a autonomia parlamentar a respeito da extensão de seus próprios privilégios e da incidência dos limites constitucionais à função legislativa se sustenta em "atos de legislação" e "atos de jurisdição".

> [A] fonte quase exclusiva do Direito parlamentar são os regulamentos internos das assembleias. **Por estes regulamentos as casas do Parlamento desenvolvem, interpretam e constroem as regras constitucionais relativas ao seu funcionamento, assim como exercem a função, sobre todas soberana, de criar o direito próprio ao campo especial da sua atividade**, como é o caso, por exemplo, do Direito Penal disciplinar, complexo de relações, de sanções e de restrições que **a Câmara, por sua própria autoridade, institui como legislador e aplica como juiz**. Os atos de que se compõe a atividade parlamentar são, portanto, a um só tempo, atos de legislação e atos de jurisdição. A autonomia parlamentar envolve para o Congresso a faculdade de compor-se ou constituir-se, de regular o seu funcionamento e de estabelecer e definir os seus privilégios, dentro dos amplos limites que a Constituição prescreve à sua atividade criadora na esfera dos negócios da sua economia.
>
> [...]
>
> A Câmara é o soberano juiz da conveniência e da utilidade das regras que ela julga indispensáveis à regularidade do seu funcionamento, instituindo, a um só tempo, pelo exercício do poder regulamentar, a sua disciplina e pela sua competência jurisdicional decidindo, de maneira irrecorrível, como uma corte de justiça, os casos que

> emergem sob o império do regulamento por ela própria votado e promulgado.
>
> [...]
>
> Todas as questões relativas à economia interna das assembleias políticas, particularmente aquelas que entendem direta e indiretamente com a sua autonomia, parecem, por sua própria natureza, reservadas à sua exclusiva competência; **nem de outra maneira se poderia conceber a independência do Congresso, particularmente se, em face dele e concorrendo com a sua competência, se instituísse, sobre a mesma matéria, uma jurisdição estranha, a que ficasse subordinada a sua autoridade.**[302]
>
> [grifou-se]

No que tange à dimensão da autônoma tutela jurisdicional do Poder Legislativo, o professor espanhol Fernando Santaolalla López pontua que a especial posição do Parlamento no esquema estatal impõe reconhecer às Casas Legislativas a faculdade de autonormatização acerca de sua estrutura e funcionamento. Logo, respeitados os limites constitucionais, cada uma das Casas é livre para disciplinar suas questões *interna corporis*. Contudo, a peculiaridade das normas parlamentares reside na relatividade da sanção jurídica, uma vez que não haveria a possibilidade de imposição coercitiva externa em caso de descumprimento de tais regras[303]. Daí a afirmação de Santaolalla: "*no hay autoridad externa a la que recurrir para obtener la imposición del precepto reglamentario supuestamente infringido. Su aplicación descansa en controles internos*"[304].

302 CAMPOS, Francisco. *Direito Constitucional*, vol. II. Rio de Janeiro: Editora Freitas Bastos, 1956, p. 106-107; 112-113; 115.

303 LÓPEZ, Fernando Santaolalla. *Derecho parlamentario*..., p. 44.

304 LÓPEZ, Fernando Santaolalla. *Derecho parlamentario*..., p. 44.

Em sentido similar, o jurista madrileno Óscar Alzaga Villaamil reputa que o Poder Legislativo, em razão de suas conquistas históricas e de seu fundamental papel no ideal de pluralismo político, goza de uma espécie de "resíduo de soberania" nas democracias modernas ocidentais, de modo que a sua prerrogativa de autonormatividade surge como mecanismo de limitação de eventuais ingerências do Poder Executivo[305].

De fato, a dinamicidade inerente ao funcionamento do Parlamento deve ser compatibilizada com o paradigma do Estado Democrático de Direito, evitando-se a rigidez dos regimentos internos "constitucionalizados" no sentido de dificultar - por não dizer inviabilizar - as adequações pontuais e oportunas à conjuntura política que venham, inclusive, implicar a alteração ou afastamento circunstancial de determinada norma regimental[306].

A inobservância ou afastamento pontual de uma regra regimental (que não seja reprodução do texto constitucional), a partir de um consenso formado no seio da Casa Legislativa tendente a

---

305 MARÍN, Tomás Vidal. *Los Reglamentos...*, p. 87-88.

306 "***La constitucionalización de contenidos típicos del Derecho parlamentario responde a cierta desconfianza del constituyente sobre las futuras fuerzas políticas parlamentarias, tratando, en consecuencia, de salir al paso de su constante modificación.*** *Tales disposiciones parlamentarias constitucionalizadas quedan sometidas a los procedimientes de reformas constitucional. No obstante, a pesar de esta rigidez, será en estas parcelas, precisamente, dondo se producirá, por obra del ordenamiento jurídico parlamentario o lo que es lo mismo, por la voluntad de las fuerzas políticas parlamentarias, la "suspensión de eficacia temporal de los preceptos constitucionales" o la "modificación tácita de la Constitución".* ***La regidez constitucional no puede extenderse a excesivos pormenores ahogando o debilitando la "autonormatividade" de las Cámaras que, no obstante los límites constitucionales, harán valer la dinamicidad, flexibilidad y espontaneidad del Derecho parlamentario***" [grifou-se] (MARTÍNEZ ELIPE, León. Fuentes del derecho y del ordenamento juridico...).

viabilizar a tramitação de determinado projeto de lei, não enseja, necessariamente, um desrespeito à Constituição[307].

Como exemplo que materializa a hipótese de alteração circunstancial de norma regimental por aquiescência geral dos parlamentares - e, ainda, atende aos reclamos de "normatização" para garantia de "segurança jurídica" -, tem-se a previsão contida no art. 412, III, do Regimento Interno do Senado Federal.

> Art. 412. A legitimidade na elaboração de norma legal é assegurada pela observância rigorosa das disposições regimentais, mediante os seguintes princípios básicos:
>
> [...]
>
> III - impossibilidade de prevalência sobre norma regimental de acordo de lideranças ou decisão de Plenário, exceto quando tomada por unanimidade mediante voto nominal, resguardado o quorum mínimo de três quintos dos votos dos membros da Casa.

---

307 Nesse sentido, ao tratar da aprovação da Resolução nº 05/1996, da Câmara dos Deputados, que alterou a sistemática de proposição do expediente regimental denominado "Destaque de Votação em Separado" (DVS) no curso da tramitação da Proposta de Emenda Constitucional nº 33-A/1995, concluiu José Alcione Bernardes Júnior: "[R]esulta claro que a usurpação da autonomia parlamentar pode provir tanto de fora, como no caso de insurgência indevida pelo Judiciário nas tomadas de decisão política, quanto de dentro, a partir da manipulação do processo político pela maioria, numa espécie de autofagia de sua legitimidade, quando então a decisão política, embora proveniente de uma instância dotada de representação popular, não terá refletido a integração das forças políticas com assento no Parlamento. Nessa hipótese, rompe-se com a relação de complementariedade e implicação recíproca entretida entre o constitucionalismo e a democracia, perdendo-se de vista a fundamental distinção entre fonte e limite do poder político. No caso, a intervenção do Judiciário dar-se-ia com o propósito exclusivo de preservar a normatividade do processo legislativo. Assim, **qualquer alteração dos trâmites regimentais que se pretenda efetuar após o início da tramitação de uma proposição há de contar com a aquiescência de todos os envolvidos no processo legislativo. Somente dessa forma a minoria se vê protegida da tirania da maioria**" [grifou-se] (BERNARDES JÚNIOR, José Alcione. *O controle jurisdicional...*, p. 93-94).

Tal dispositivo, cuja redação foi estabelecida pela Resolução nº 35/2006[308], estabelece a possibilidade de prevalência de acordo de líderes sobre norma regimental desde que aprovado, mediante voto nominal, pela unanimidade dos Senadores presentes na sessão, resguardado o quórum mínimo de três quintos dos votos dos membros da Casa[309].

Com efeito, o RISF estabelece, normativamente, a possibilidade de afastamento circunstancial de norma regimental, positivando, assim, o papel do consenso e a própria dinamicidade do funcionamento do Parlamento, além de assegurar à minoria voz e poder de influência.

---

308 Decorrente da aprovação do Projeto de Resolução nº 27/2006. Do parecer lavrado pelo Senador Edison Lobão, aprovado pela Comissão de Constituição, Justiça e Cidadania em 31/05/2006, destaca-se o seguinte trecho: "devemos ressaltar que tentativas de reformar o regimento das Casas legislativas têm dificuldade de prosperar em sua tramitação pela simples razão de não atender aos interesses dos parlamentares: ora das correntes partidárias majoritárias, ora das minoritárias. De fato, **somente quando há sobeja demonstração de que determinadas normas regimentais desagradam às diversas correntes políticas da Casa emergem as condições determinantes para modificar o regimento interno. Essas modificações sempre se justificam pela necessidade de remover os entraves ao bom andamento dos trabalhos legislativos, observando-se, no entanto, as garantias constitucionais das minorias parlamentares**. Nesse sentido, o projeto de resolução em exame resultou de percucientes debates na Comissão Especial, criada com a finalidade de estudar a reforma do nosso Regimento Interno, e que **optou por propor modificação apenas das normas regimentais em relação às quais os membros da Comissão entenderam haver elevado consenso na Casa**" (disponível em: <http://www.senado.gov.br/atividade/materia/getPDF.asp?t=24674&tp=1>. Acesso em: 25 fev. 2015) [grifou-se].

309 "Art. 412. A legitimidade na elaboração de norma legal é assegurada pela observância rigorosa das disposições regimentais, mediante os seguintes princípios básicos: [...] III - impossibilidade de prevalência sobre norma regimental de acordo de lideranças ou decisão de Plenário, exceto quando tomada por unanimidade mediante voto nominal, resguardado o quorum mínimo de três quintos dos votos dos membros da Casa".

Foi o que se deu, por exemplo, na oportunidade de tramitação da Proposta de Emenda nº 12-A/2006[310] no Senado Federal, quando, após a aprovação do Requerimento nº 1.600/2009, foi afastada a previsão do art. 362 do RISF que estabelecia a necessidade de um interstício mínimo de cinco dias entre cada turno de votação. Diante da aplicação do art. 412, III, do regimento, a votação do projeto em dois diferentes turnos efetivou-se por meio de duas sessões realizadas no mesmo dia 02 de dezembro de 2009.

Outrossim, considerando o regimento como "ordenamento interno" e dinâmico por excelência, diante de eventual consenso no sentido de se afastar um regra regimental, não haveria propriamente ofensa à Constituição, mas um adequado exercício da autonomia parlamentar conduzido por fatores políticos que lhe são imanentes.

E é exatamente em tal contexto que reside a importância dos líderes (como representantes dos partidos políticos) na composição de acordos internos para a suplantação de eventuais entraves próprios do jogo político e da relação entre os poderes Executivo e Legislativo, traço característico de uma democracia predominantemente consensual como a brasileira, na qual o padrão de interação entre os atores políticos é o de composição, de modo que as variações de enfrentamento apresentam-se como exceção.

---

310 Proposta originária da Câmara dos Deputados com o propósito de alterar "o art. 100 da Constituição Federal e acrescenta o art. 97 ao Ato das Disposições Constitucionais Transitórias, instituindo regime especial de pagamento de precatórios pelos Estados, Distrito Federal e Municípios". Para visualização do trâmite do projeto, vide: <http://www25.senado.leg.br/web/atividade/materias/-/materia/94373>.

## 3.4. Conclusões parciais

A investigação a respeito da natureza das normas regimentais remonta ao século XVIII, quando, na Inglaterra, se advogava a existência de emblemática "soberania" do Parlamento. A experiência inglesa e o mito criado em torno da "Revolução Gloriosa" influenciaram o pensamento jurídico europeu, notadamente a França e Alemanha, que imputava ao direito parlamentar uma natureza de "direito interno" à plena disposição do Poder Legislativo e com características de prática costumeira e infensa a qualquer tipo de controle externo.

O fim da Segunda Guerra Mundial e o advento do Estado Democrático de Direito no continente europeu, caracterizado pela valorização e reconhecimento da Constituição como norma suprema do ordenamento jurídico ("Estado Constitucional"), parece pôr termo à corrente de pensamento, gestada sob o pálio do Estado Liberal, tendente a sustentar uma "técnica de liberdade do Parlamento", atribuindo-lhe ares de soberania para fazer frente aos demais Poderes.

Tal transformação influencia diretamente as teorias sobre os limites da independência do Poder Legislativo (agora, mais do nunca, limitado por uma Constituição) e, consequentemente, a natureza dos regimentos internos.

Diante da emergência do "Estado Constitucional", parece restar superada a ideia do regimento como fonte primária do direito parlamentar, porquanto, o eixo e o centro do ordenamento jurídico passa a ser ocupado, em caráter indubitável e absoluto, pela Constituição.

Dois aspectos de extrema importância reorientam as teorias a respeito da natureza dos regimentos, em especial aquelas orientadas pelos primados do Estado Liberal e a tradição do parlamentarismo inglês: a) as normas de direito parlamentar ostentam juridicidade, porquanto emanadas de um órgão pertencente ao Estado; b) a "constitucionalização" do direito parlamentar.

A partir do "paradigma" inaugurado com o "Estado Constitucional", parte considerável dos juristas que se debruçaram sobre o assunto passam a defender a plena integração das normas regimentais ao ordenamento jurídico e, enquanto regras de direito positivo dotadas de previsão constitucional, a sua obrigatória observância por toda a sociedade e pelo próprio Parlamento.

Assim, diante da expansão da regulamentação pelo próprio texto constitucional dos aspectos procedimentais e da rotina de funcionamento dos Poderes, estabeleceu-se uma tensão entre a disciplina constitucional mais verticalizada a respeito da matéria legislativa e a dinamicidade política inerente à lógica da engrenagem parlamentar.

O entendimento a respeito da rigidez constitucional em torno do direito parlamentar supostamente calcado na supremacia da Constituição conduz, de fato, à forte limitação do Poder Legislativo a respeito da autonomia para disciplinar internamente sobre as minúcias do procedimento de formação das leis, levando em conta os aspectos da dinamicidade inerente aos processos políticos.

A dinamicidade que caracteriza o funcionamento do Parlamento deve ser compatibilizada com o paradigma do Estado Democrático de Direito, evitando-se a rigidez dos regimentos internos no sentido de dificultar - por não dizer inviabilizar - as adequações pontuais e oportunas à conjuntura política que venham, mediante consenso dos parlamentares (incluindo a minoria), implicar a alteração ou afastamento circunstancial de determinada norma regimental.

Em tal contexto, reside a importância dos líderes – na qualidade de representantes dos partidos políticos – na realização de acordos internos para a suplantação de eventuais entraves próprios do jogo político e da relação entre os poderes Executivo e Legislativo, traço característico de uma democracia predominantemente consensual como a brasileira, na qual o padrão de interação entre os atores políticos é o de composição, de modo que as variações de enfrentamento apresentam-se como exceção.

# 4. As Lideranças e o Regimento Interno

## 4.1. O papel das lideranças no Parlamento brasileiro e sua positivação nos regimentos internos: o Colégio de Líderes

A partir do que foi externado no tópico 2.2 do Capítulo 2 desta obra, restou assentado que, no Brasil, em um contexto de um presidencialismo de coalizão, a viabilidade governamental demanda que a maioria parlamentar seja permanente e que a relação entre Executivo e Legislativo seja estabelecida entre a Presidência da República e os partidos políticos com assento no Congresso Nacional, reduzindo, assim, os custos de negociação política.

O reconhecimento da relevância dos partidos políticos como instituições essenciais ao funcionamento de uma democracia representativa, na linha do que fora defendido por Hans Kelsen em sua teoria política[311], é premissa paradigmática para o desenvolvimento do presente capítulo, porquanto o papel atribuído aos líderes na condução do processo legiferante somente se justifica quando as lideranças são entendidas como postos de representação das agremiações partidárias.

Consoante delineado no Capítulo 2, no sistema brasileiro, o líder afigura-se como o principal representante das agremiações partidárias no âmbito de cada Casa Legislativa. Com efeito, a centralização das negociações políticas e a dinâmica do proces-

311 KELSEN, Hans. Essência e valor da democracia..., p. 39-43.

so decisório nas matérias de interesse do Executivo influenciam, sobremaneira, a normatização nos regimentos internos dos meandros do processo legislativo, havendo sintomática concentração de poderes na Mesa Diretora e nos líderes partidários.

De fato, tem-se por decisivas as prerrogativas regimentais conferidas às lideranças a fim de "maximizarem as preferências dos parlamentares em torno de cargos e de políticas"[312].

Dado o papel estratégico e decisivo dos líderes parlamentares na condução do ritmo e trâmite do processo legislativo, a eles cabe o papel de representar os interesses partidários junto ao Poder Executivo e vice-versa.

No ordenamento positivo brasileiro, há expressa menção à necessidade de constituição de lideranças como figuras representativas das bancadas partidárias. Nesse sentido, dispõe o art. 12 da Lei nº 9.096/1995 que, nas Casas Legislativas, o partido político funcionará "por intermédio de uma bancada, que deve constituir suas lideranças de acordo com o estatuto do partido, as disposições regimentais das respectivas Casas e as normas desta Lei".

O processo de seleção e definição dos contornos do "mandato" dos líderes é, portanto, assunto de alçada interna de cada partido político, de modo que os regimentos internos do Senado Federal e da Câmara dos Deputados tratam do processo de escolha de modo extremamente objetivo, sem maiores detalhes.

Na Câmara dos Deputados, a escolha do líder se realiza no início da legislatura, ou após a criação de bloco parlamentar, devendo a indicação ser comunicada à Mesa Diretora. O diploma regimental, nos §§2º e 3º do art. 9º, sem maiores minú-

312 MIRANDA, Geralda Luiza de. A delegação aos líderes partidários na Câmara dos Deputados e no Senado Federal. *Revista de Sociologia e Política*, Curitiba, v. 18, n. 37, p. 201-225, out. 2010. Disponível em: <http://www.scielo.br/scielo.php?script=sci_arttext&pid=S0104-44782010000300013&lng=en&nrm=iso>. Acesso em: 29 jul. 2015.

cias, limita-se a estabelecer que o líder seja eleito pela maioria absoluta dos integrantes da representação, permanecendo no cargo até que nova indicação venha a ser feita. Logo, o RICD confere considerável liberdade às bancadas para disciplinar internamente o procedimento de escolha dos líderes e a definição do tempo do mandato.

Disposição semelhante é encontrada no art. 65, §6º, do RISF. Contudo, são observados pequenos pontos dissonantes: as indicações de líderes devem ocorrer no início da primeira e da terceira sessões legislativas de cada legislatura e será formalizada "em documento subscrito pela maioria dos membros da respectiva bancada". É dado, ainda, à maioria da bancada a prerrogativa de substituir os líderes "em qualquer oportunidade". Assim, por questões internas (como no caso de insatisfação da bancada quanto à atuação de seu líder), poderá a liderança ser "desconstituída" e substituída.

Como se verá nos dois próximos tópicos, além da constituição de lideranças de representação de agremiações partidárias, tanto o RICD quanto o RISF preveem a figura do líder de outros segmentos de semelhante orientação política que não os próprios partidos políticos como instituições propriamente ditas. Tratam-se das lideranças do "governo", "maioria" e "minoria".

Dada a dinâmica da relação entre os poderes Executivo e Legislativo em um contexto de presidencialismo de coalizão, a previsão de constituição de um líder do "governo" no seio de cada Casa Legislativa se mostra natural. Afinal, o líder do governo desempenhará a importante atribuição de atuar como uma extensão do Poder Executivo nas atividades parlamentares e, principalmente, nas instâncias de deliberação e formatação de acordos sobre matérias legislativas e o ritmo das votações. Logo, com a liderança do governo, busca-se promover a operacionalização prática do poder de agenda do Executivo. O fato do líder do governo ser um parlamentar, não só o habilita a participar das instâncias de negociação de lideranças, mas também a fazer o uso dos instrumentos e recursos procedimentais assegurados pelos regimentos internos. Portanto, a previsão da possibilidade de constituição de liderança do governo confere legitimidade e formaliza a participação do Poder Executivo nos trabalhos legislativos.

A indicação do líder do governo é prerrogativa do Presidente da República[313] e, naturalmente, deverá recair sobre parlamentar filiado ao mesmo partido político do Chefe do Executivo ou à agremiação integrante de sua base de apoio, o que reforça, mais uma vez, a centralidade dos partidos no processo político de tomada de decisões.

A seu turno, em relação às lideranças da maioria e minoria, a lógica das previsões regimentais situa-se na necessidade de demarcar politicamente a representação ou bloco parlamentar que detenha o maior número de membros e que expressem posições políticas convergentes de forma favorável ou contrária ao governo. Uma vez que as agremiações mantêm seus líderes de forma concomitante às lideranças da maioria e minoria, a pertinência da previsão regimental acerca da possibilidade de constituição de tais lideranças relaciona-se às prerrogativas de uso da palavra, propositura de requerimentos e outros instrumentos aptos a operacionalizar a manifestação política de tais líderes face ao Governo, algo inerente à dialética situação-oposição.

Importante observar que, de acordo com a previsão do RICD[314] e RISF[315], a clivagem entre "maioria" e "minoria" não é fundamentada, necessariamente, na afinidade ideológica de todos os membros do Legislativo em relação ao governo. A bem da verdade,

---

313 Conforme art. 11 do RICD e art. 66-A do RISF.

314 Art. 13, RICD.

315 Art. 65, §§1º e 2º, RISF.

em termos regimentais, considera-se como "maioria" o partido ou bloco parlamentar integrado pela maioria absoluta dos membros da Casa. Não havendo agremiação partidária com tal composição, será considerado "maioria" o partido ou bloco que possuir o maior número de parlamentares em relação a cada Casa, e "minoria" o partido ou bloco que se lhe opuser[316]. Ou seja, a constituição de liderança da "minoria" caberá ao partido que, dentre as representações que apresentem posição política contrária ao partido majoritário, ostente o maior número de membros.

Destarte, avulta ressaltar que a "maioria" parlamentar não necessariamente encontra-se alinhada ao "governo", uma vez que é plenamente possível, ainda que em um sistema presidencialista, que o Chefe do Poder Executivo não conte com o apoio do partido ou bloco que conte com o maior número de integrantes na respectiva Casa. Nessa hipótese, considerar-se-á, em termos práticos, como "minoria" a representação ou bloco partidário cuja posição política seja favorável ao governo e como "maioria" a oposição.

De se notar, a partir da leitura dos regimentos da Câmara dos Deputados[317] e do Senado Federal[318], que "os líderes dispõem de um arsenal significativo de recursos por meio dos quais controlam

316 Art. 13, parágrafo único, RICD; art. 65, §5º, RISF.

317 RICD: art. 10; art. 15, incisos X, XI; art. 17, inciso I, alíneas "m" e "s"; art. 25; art. 42; art. 66, §1º e §4º; art. 67, §1º; art. 72; art. 82, §6º; art. 89; art. 91, inciso I; art. 92, incisos I e II; art. 103, §3º; art. 120, inciso II, alínea "b", e §4º; art. 122; art. 149, inciso II; art. 150, parágrafo único; art. 154, inciso II; art. 155; art. 160, §4º; art. 167; art. 177; art. 185, §3º; art. 188, inciso II; art. 192, §2º; art. 193; art. 202, §1º, e art. 206.

318 RISF: art. 60, §4º; art. 66; art. 79; art. 91, §1º; art. 154, §3º; art. 169, parágrafo único; art. 174; art. 276; art. 293, inciso II; art. 338; art. 352, parágrafo único, incisos I e II; art. 405 e art. 412, III.

e circunscrevem a atuação dos parlamentares"[319] e, assim, neutralizam o impacto de estratégias individualistas dos parlamentares[320].

Inclusive, o próprio RICD positiva a existência do chamado "Colégio de Líderes", formado pelos líderes da maioria, da minoria, dos partidos, dos blocos parlamentares e do governo. Dentre as importantes atribuições do colegiado, estabelece o art. 17, inciso I, alínea "s", que a definição da pauta dos trabalhos será feita conjuntamente pelo presidente da Mesa e o "Colégio de Líderes".

A instituição formal do Colégio de Líderes ocorreu em 1989, com a aprovação do novo Regimento Interno da Câmara dos Deputados[321] formulado para adaptação da realidade institucional inaugurada com a Constituição de 1988.

Informa Nelson Jobim que a institucionalização do Colégio de Líderes pelo RICD foi fruto da prática iniciada durante os trabalhos da Assembleia Nacional Constituinte[322], quando os líderes partidários se reuniam para realizar acordos a respeito das propostas de modificação ao texto do projeto de Constituição[323]. Era

---

319 FIGUEIREDO; LIMONGI. *Executivo e Legislativo na nova ordem constitucional...*, p. 31.

320 FIGUEIREDO; LIMONGI. *Executivo e Legislativo na nova ordem constitucional...*, p. 38.

321 O atual Regimento Interno da Câmara dos Deputados foi aprovado mediante a Resolução nº 17, de 21 de setembro de 1989, originada do Projeto de Resolução da Câmara nº 54, de 1989 (disponível em: <http://www.camara.gov.br/proposicoesWeb/fichadetramitacao?idProposicao=235608>).

322 JOBIM, Nelson. O Colégio de Líderes..., p. 37-38.

323 "Então, surgiu o Colégio de Líderes como um instrumento definitório dos acordos, gerenciado pelo dr. Ulysses. O objetivo era criar mecanismos que acelerassem os processos decisórios. E o único mecanismo possível foi exatamente o Colégio de Líderes, para disciplinar os acordos, os entendimentos, as regras de procedimentos (...) Quando chegamos a 1988, após a promulgação da Constituição, criou-se o problema da existência de um órgão informal e imensamente poderoso - o Colégio de Líderes -, e não havia espaço para destruí-lo. E neste regimento interno que nós elaboramos (eu e os deputados Genoíno, Miro Teixeira, José Bonifácio, Israel Pinheiro, Paes Landim), institucionalizamos o Colégio de Líderes para definir seus poderes, porque se nós o deixássemos informal, ele teria poderes absolutos. Se nós

a partir de tais reuniões que os trabalhos legislativos da Constituinte eram pautados e estruturados, de modo que, a despeito da inexistência de regra regimental nesse sentido, a vontade dos líderes era imprescindível à seleção das matérias que seriam levadas à consideração do Plenário[324].

Como resultado do processo de feitura da nova Constituição, observou-se um novo padrão de relacionamento entre os líderes e a Mesa Diretora, de modo que aqueles "passaram a dispor de mais poder e de maior autonomia para se comunicar entre si e tomar decisões importantes, solicitando a participação da Presidência somente para a homologação de acordos já celebrados"[325]. Logo, na Câmara dos Deputados, o processo de votação passou a ser administrado pelos líderes, em comum acordo com o Pre-

o formalizássemos, ele teria os poderes que o regimento lhe desse" (JOBIM, Nelson. O Colégio de Líderes..., p. 45).

324 "Se os líderes partidários pudessem selecionar as questões consideradas divisivas e tentar construir e negociar acordos para a construção de um consenso mínimo, eles garantiriam uma aprovação mais rápida do Projeto de Constituição. Em outras palavras, os líderes estariam coordenando o processo decisório ao organizar a agenda de votação. O trabalho conjunto destes se tornou uma condição necessária principalmente após a primeira derrota, por falta de quórum, de uma emenda coletiva proposta pelo Centrão que alterava o Preâmbulo do Projeto de Constituição e que teve de ser negociada por Ulysses Guimarães, em um acordo de lideranças, para a votação do dia seguinte. Dessa forma, os líderes dos 10 maiores partidos na Assembléia Nacional Constituinte passaram a se reunir de manhã para que se alcançasse um consenso quanto ao conteúdo das propostas de modificações para que, à tarde, pudessem iniciar a discussão e votação em plenário" (GOMES, Sandra. O impacto das regras de organização do processo legislativo no comportamento dos parlamentares: um estudo de caso da Assembléia Nacional Constituinte (1987-1988). *Dados*, Rio de Janeiro, v. 49, n. 1, p. 193-224, 2006. Disponível em: <http://www.scielo.br/scielo.php?script=sci_arttext&pid=S0011-52582006000100008&lng=en&nrm=iso>. Acesso em: 20 jul. 2015).

325 FIGUEIREDO, Juliana Baldoni. O Colégio de Líderes: surgimento e evolução. *E-Legis - Revista Eletrônica do Programa de Pós-Graduação da Câmara dos Deputados*, [S.l.], p. 6-33, jun. 2012. ISSN 2175-0688. Disponível em: <http://e-legis.camara.leg.br/cefor/index.php/e-legis/article/view/109>. Acesso em: 20 jul. 2015.

sidente, que perdeu a prerrogativa fundamental da elaboração exclusiva da pauta.

Impende apontar um importante detalhe no RICD que evidencia a centralidade do processo decisório e a concentração dos poderes nas mãos dos líderes. De acordo com o art. 17, I, "*s*", a agenda com as proposições que serão votadas no mês subsequente deve ser elaborada pelo Presidente da Casa, ouvido o Colégio de Líderes. Desse modo, caso algum parlamentar almeje a inclusão de um projeto de sua autoria na pauta do plenário terá de recorrer ao "seu" respectivo líder, a fim de que a defesa do pleito seja feita diante do Colégio de Líderes.

Quanto ao processo decisório interno no Colégio de Líderes, estabelece o §2º do art. 20 do RICD que as deliberações do colegiado serão tomadas, "sempre que possível", mediante consenso entre seus integrantes. Não obtida a composição, prevalecerá o critério da maioria absoluta, ponderados os votos dos líderes em função da expressão numérica de cada bancada. Constata-se que tal dispositivo regimental positiva o padrão de interação de composição entre os atores políticos - o que, conforme consignado, caracteriza a democracia brasileira -, sem prejuízo de consagração da regra da maioria em casos de impasse ou de confronto.

É fato que a comissão responsável pela elaboração do RICD optou por não centralizar em um único artigo ou capítulo o rol de poderes, atribuições e prerrogativas do Colégio de Líderes, o que foi feito de modo esparso e disseminado ao longo do texto[326]. Outrossim, a leitura do regimento permite verificar o quão ampla e fundamental é a importância conferida a tal colegiado.

---

326 Nesse sentido, vide: JOBIM, Nelson. O Colégio de Líderes..., p. 45.

Em resumo, deve o Presidente da Câmara "ouvir"[327] o Colégio de Líderes para: fixar, no inicio da primeira e da terceira sessões legislativas da legislatura, o número de Deputados por Partido ou Bloco Parlamentar em cada Comissão Permanente (art. 15, X); elaborar o projeto de Regulamento Interno das Comissões, que, aprovado pelo Plenário, será parte integrante do RICD (art. 15, XI); nomear Comissão Especial (art. 17, I, "m"); organizar a agenda com a previsão das proposições a serem apreciadas no mês subsequente, para distribuição aos Deputados (art. 17, I, "s"). Caberá, ainda, ao Colégio de Líderes: opinar junto à Mesa Diretora quanto à fixação do número de membros efetivos das comissões permanentes (art. 25); convocar sessão extraordinária (art. 67, §1º); prorrogar o prazo de duração da sessão (art. 72); prorrogar o tempo reservado à Ordem do Dia (art. 84); convocar sessão secreta (art. 92, I); solicitar preferência na apreciação de matéria pelo plenário (art. 160, §4).

No caso no Regimento Interno do Senado Federal, não há institucionalização do "Colégio de Líderes", contudo, na prática, é frequente a realização de reuniões entre as lideranças e a Mesa Diretora com o objeto de estabelecer a pauta dos trabalhos legislativos.

De todo modo, em 11/02/2015, foi protocolado o Projeto de Resolução nº 03, de 2015, proposto pela Senadora Ana Amélia (PP/RS), cujo escopo principal é formalizar a existência do "Colégio de Líderes". Consta da justificativa do PRS nº 03, de 2015:

> [O] presente projeto de resolução tem o objetivo de formalizar, no Regimento Interno do Senado Federal, a existência do Colégio de Líderes, que muito tem contribuído

327 Pela análise sistêmica do RICD, entende-se que a oitiva do Colégio de Líderes nas matérias relacionadas não é meramente discricionária, sendo imprescindível, pois, a participação do colegiado no processo de tomada de decisão do Presidente da Casa.

> para o bom andamento dos trabalhos desta Casa, mas que ainda não foi instituído em nossa carta regimental, diversamente da Câmara dos Deputados, cujo regimento contempla esse importante colegiado. A formalização da existência e do funcionamento do Colégio de Líderes significará um importante passo à frente para a democratização e para a descentralização da estrutura de funcionamento do Senado Federal, indo também ao encontro das reivindicações da sociedade e da opinião pública por maior transparência e maior publicidade [...] Ademais, caberá ao Colégio de Líderes participar da definição da Ordem do Dia e da agenda mensal. Cabe, ainda, ressaltar, que estamos preservando as regras da maioria e da proporcionalidade, ao propormos que sempre que possível, as deliberações do Colégio de Líderes serão tomadas mediante consenso entre seus integrantes e quando isto não for possível, deve prevalecer o critério da maioria absoluta, ponderados os votos dos Líderes em função da expressão numérica de cada bancada. [328]

Em suma, a redação normativa proposta reproduz, basicamente, as mesmas implicações já existentes no RICD, em especial no que tange à participação do Colégio de Líderes na definição da Ordem do Dia e da agenda mensal e na fixação da representação numérica dos partidos e dos blocos parlamentares nas comissões permanentes no início de cada legislatura.

## 4.2. As lideranças na Câmara dos Deputados

Partindo do pressuposto da essencialidade do papel do líder no processo legislativo em contexto de presidencialismo de co-

328 Disponível em: <http://www.senado.leg.br/atividade/materia/detalhes.asp?p_cod_mate=119681>. Acesso em: 17 abr. 2015.

alizão, verifica-se, a partir da leitura sistêmica do RICD, uma clara tendência de conferir às lideranças a acumulação de importantes funções concernentes à articulação política e à unificação do discurso partidário.

Em linhas gerais, a função de maior destaque refere-se à atuação do líder como expressão da opinião e vontade de quem ele representa, seja o partido, o bloco parlamentar, a maioria, o governo ou a minoria e oposição.

A tarefa de representação do líder é ainda potencializada diante da realidade de composição numérica da Câmara dos Deputados: 513 deputados. Com efeito, é notória a inviabilidade prática de se admitir a hipótese de entabulamento de relações individualizadas entre a Presidência da República e cada parlamentar. Ademais, não se pode olvidar o fato de que a relação particularizada potencializaria pleitos de ordem individual como barganha política.

Nos termos do art. 9º do RICD, os deputados são agrupados por representações partidárias ou de blocos parlamentares[329], cabendo-lhes escolher o líder quando a representação for igual ou superior a um centésimo da composição da Câmara, ou seja, cinco parlamentares.

Note-se que as agremiações partidárias que não detenham a representação mínima, não poderão compor liderança e não terão assento no Colégio de Líderes. Em tal caso, o §4º do art. 9º permite a indicação de um de seus integrantes para expressar a posição do partido nas votações, ou para fazer uso da palavra, uma vez

329 De acordo com o art. 12 do RICD, as representações de dois ou mais partidos, por deliberação das respectivas bancadas, poderão constituir bloco parlamentar, sob liderança comum. As lideranças dos partidos que se coligarem em bloco parlamentar perdem suas atribuições e prerrogativas regimentais. Preconiza o regimento que o bloco parlamentar tem existência circunscrita à legislatura, devendo o ato de sua criação e as alterações posteriores ser apresentados à Mesa para registro e publicação.

por semana, por cinco minutos, durante o período destinado às comunicações de lideranças.

Além dos partidos e da hipótese de formação de blocos parlamentares, o RICD assegura o "direito à liderança" à maioria, à minoria[330] e, ainda, ao governo, cabendo ao Presidente da República a indicação de parlamentares para exercerem tal mister (art. 11).

Consoante já analisado no tópico precedente, aos líderes é dado participar de um decisivo lócus de decisão política na Câmara dos Deputados: o Colégio de Líderes, que, entre outras atribuições, define a pauta de votações do plenário. Tal atribuição é de fundamental importância ao se considerar a lógica de centralização do processo decisório no plenário em detrimento das comissões internas.

No âmbito da atuação plenária, o RICD assegura aos líderes partidários: a orientação da bancada quanto ao voto (art. 10, IV); falar por sua bancada no período destinado às comunicações das lideranças (art. 10, I); inscrever integrantes da bancada no espaço destinado às comunicações parlamentares (art. 10, II); e registrar candidatos para concorrer a cargos da Mesa Diretora (art. 10, V).

Ademais, ao líder são outorgados importantes instrumentos para influir no fluxo procedimental de discussão e votação das matérias legislativas, o que representa um "capital político" apto a credenciar as lideranças em negociações e acordos a respeito de uma determinada agenda parlamentar.

---

330 Conforme dispõe o art. 13 do RICD, "Constitui a Maioria o Partido ou Bloco Parlamentar integrado pela maioria absoluta dos membros da Casa, considerando-se Minoria a representação imediatamente inferior que, em relação ao Governo, expresse posição diversa da Maioria". Ressalte-se que, "se nenhuma representação atingir a maioria absoluta, assume as funções regimentais e constitucionais da Maioria o Partido ou Bloco Parlamentar que tiver o maior número de representantes".

Nessa assentada, é atribuído aos líderes partidários, individualmente, solicitar: a votação em globo de destaques (art. 162, XIV); a dispensa da discussão de matérias que tenham parecer favorável de todas as comissões (art. 167); o adiamento da discussão e da votação de um projeto (art. 177).

Quanto à influência na atuação e composição dos órgãos internos da Câmara dos Deputados, os líderes detêm a prerrogativa de: participar, pessoalmente ou por intermédio dos seus vice-líderes, dos trabalhos de qualquer Comissão de que não seja membro, sem direito a voto, mas podendo encaminhar a votação ou requerer verificação desta (art. 10, III); e indicar à Mesa os membros da bancada para compor as Comissões, e, a qualquer tempo, substituí-los (art. 10, VI).

Interessante observar que o RICD condiciona o exercício de algumas prerrogativas conferidas às lideranças a critérios de proporcionalidade, tendo como referência o tamanho das bancadas:

**Quadro 2 – Prerrogativas das lideranças partidárias na Câmara dos Deputados tendo em vista o tamanho da bancada**

| Tamanho da bancada | Prerrogativa |
|---|---|
| **31 Deputados** | requerer verificação de votação no plenário (art. 185, §3º). |
| **52 Deputados** | solicitar votação secreta (art. 92, I). |
| | solicitar regime de prioridade para propostas (art. 158, §2º, III). |
| | solicitar o adiamento de votação de propostas em regime de urgência (art. 177, §1º). |
| | apresentar destaques para votação em separado (art. 161, I). |
| | apresentar emendas aglutinativas (art. 122). |
| | apresentar emendas a propostas que estão sendo votadas em segundo turno (art. 120, II, "b"). |

| | |
|---|---|
| **103 Deputados** | apresentar requerimentos de urgência para propostas (art. 154, II). |
| | apresentar emendas a propostas votadas em regime de urgência no Plenário (art. 120, §4º). |
| **257 Deputados** | requerer a inclusão na pauta do plenário de propostas para votação imediata (art. 155). |

**Fonte: Elaborado pelo autor a partir do Regimento Interno da Câmara dos Deputados**

O mesmo fundamento concernente à concessão de prerrogativas em vista do tamanho da bancada orientou a alteração da redação do art. 161, §2º, do RICD que versa sobre as proposições de requerimento de destaque para votação em separado (DVS) que independem de aprovação pelo plenário.

A alteração, formalizada pela Resolução nº 05/1996, decorreu do Projeto de Resolução nº 60/1995[331], cuja aprovação deu-se no curso da discussão da PEC nº 33-A/1995 (reforma da previdência). Até então, da forma como a matéria era regulada no RICD, o DVS era concedido automaticamente mediante requerimento de, pelo menos, um décimo dos membros da Casa ou a requerimento subscrito por líderes que representassem tal número. Apresentado o requerimento, não havia deliberação por parte do plenário, sendo sua rejeição restrita aos casos de vício formal ou intempestividade.

No curso da tramitação da PEC nº 33-A/1995, a oposição valeu-se constantemente do recurso do DVS, o que motivou a base governista a apresentar o PRC nº 60/1995 para alteração dos arts. 114, 117, 161 e 162 do RICD. A aprovação do PRC

331 O dossiê completo da tramitação do PRS nº 060/1995 encontra-se disponível em: <http://www.camara.gov.br/proposicoesWeb/prop_mostrarintegra;jsessionid=920BA6CCE3AE0968E3C3EB8870F7AFA8.proposicoesWeb2?codteor=1243665&filename=Dossie+-PRC+60/1995>. Acesso em: 12 mai. 2015.

nº 60/1995 resultou em alterações substanciais na proposição e apreciação dos DVS´s.

Em regra, os requerimentos de destaque, antes "automáticos", passaram a se submeter à aprovação do plenário. No art. 161, §2º, do RICD, foi prevista a possibilidade excepcional de DVS independente da aprovação do Plenário quando apresentado por bancada de partido e respeitada a proporcionalidade instituída no dispositivo regimental[332]. O contexto envolvendo a alteração regimental gerou severas críticas e protestos da oposição, que, durante os debates da matéria, considerou a proposta casuística e oportunista[333].

Note-se que tal sistemática, após vinte anos, foi formalmente incorporada no Senado Federal com o advento da Resolução nº 8/2016[334], que acresceu o parágrafo único ao art. 312 do RISF:

---

332 "Art. 161. Poderá ser concedido, mediante requerimento aprovado pelo Plenário, destaque para:
I – votação em separado de parte de proposição, desde que requerido por um décimo dos Deputados ou Líderes que representem esse número;
[...]
§ 2º Independerá de aprovação do Plenário o requerimento de destaque apresentado por bancada de Partido, observada a seguinte proporcionalidade:
– de 5 até 24 Deputados: um destaque;
– de 25 até 49 Deputados: dois destaques;
– de 50 até 74 Deputados: três destaques;
– de 75 ou mais Deputados: quatro destaques".

333 O inteiro teor dos debates e da aprovação do PRC nº 60/1995 está disponível no Diário da Câmara dos Deputados, edição nº 115, de 27/06/1996 (disponível em: <http://imagem.camara.gov.br/Imagem/d/pdf/DCD27JUN1996.pdf#page=131>. Acesso em: 12 mai. 2015).

334 A alteração foi decorrente do Projeto de Resolução nº 12, de 2015, proposto pelo Sem. Ronaldo Caiado (DEM/GO). De acordo com a justificativa apresentada, a proposição tem por objetivo padronizar os procedimentos legislativos entre o Senado Federal e a Câmara dos Deputados, *in verbis*: "*O projeto tem o propósito de permitir que os Partidos com representação no Senado tenham direito a pelo menos um destaque durante a apreciação dos textos submetidos à análise dessa Casa, tal qual ocorre na Câmara dos Deputados. O Regimento Interno deve possibilitar uma produção legislativa de qualidade e,*

> Art. 312. O destaque de partes de qualquer proposição, bem como de emenda do grupo a que pertencer, pode ser concedido, **mediante deliberação do Plenário**, a requerimento de qualquer Senador, para:
>
> I - constituir projeto autônomo, salvo quando a disposição a destacar seja de projeto da Câmara;
>
> II - votação em separado;
>
> III - aprovação ou rejeição.
>
> Parágrafo único. **Independerá de aprovação do Plenário o requerimento de destaque apresentado por bancada de partido**, observada a seguinte proporcionalidade:
>
> I - de 3 (três) a 8 (oito) Senadores: 1 (um) destaque;
>
> II - de 9 (nove) a 14 (quatorze) Senadores: 2 (dois) destaques;
>
> III - mais de 14 (quatorze) Senadores: 3 (três) destaques.
>
> [grifou-se]

Logo, a depender da proporcionalidade da bancada representada, foi conferida às lideranças um quantitativo mínimo de requerimentos de destaque automático, porquanto independeria de aprovação pelo plenário da Casa.

---

*tendo em vista que ambas as Casas exercem a mesma função no processo legislativo, nada mais coerente que padronizar os procedimentos, com o objetivo de melhor executarem sua função precípua. O destaque configura instrumento essencial ao processo legiferante, por permitir que determinadas partes dos textos legislativos sob apreciação sejam analisadas com mais detalhe pelo Plenário.* ***Possibilitar a existência de destaques de Bancada é uma forma de garantir que a posição dos partidos seja devidamente manifestada – o que configura um direito de Minorias –, sem subtrair, é claro, a competência do Plenário em julgar o mérito do destaque a ser analisado.*** *O projeto em questão considera, inclusive, a devida proporcionalidade, ao restringir o número de destaques de acordo com o tamanho da Bancada*" [grifou-se]. O dossiê completo da tramitação do PRS nº 12/2015 encontra-se disponível em: < http://www25.senado.leg.br/web/atividade/materias/-/materia/119882>. Acesso em: 23 nov. 2017.

## 4.3. As lideranças no Senado Federal

Forte nos mesmos pressupostos observados na Câmara dos Deputados para justificar a necessidade de representação das bancadas por parte das lideranças partidárias (redução dos custos de negociação da agenda política e centralização dos papéis dos atores políticos como fator de dinamização da relação Executivo – Legislativo), o Regimento Interno do Senado Federal estabelece aos líderes instrumentos procedimentais para influir, de forma decisiva, no fluxo procedimental de discussão e votação das matérias legislativas.

De se frisar que o atual RISF, ao contrário do que se observa na Câmara dos Deputados, não foi organicamente alterado após o advento da Constituição de 1988. Na verdade, a norma instituidora do regimento, a Resolução nº 93, de 1970, sofreu pontuais modificações e adaptações com a nova ordem constitucional.

Nos termos do art. 65 do RISF, as representações partidárias terão líderes e vice-líderes. Diferentemente do que ocorre na Câmara dos Deputados, qualquer partido político, independentemente do número de parlamentares, poderá constituir a sua liderança para fins de atuação no processo legislativo (proposições, discussões e votações).

Contudo, da leitura do RISF, é de se mencionar a distinção na estruturação de liderança enquanto organização política e enquanto estrutura logística. Consoante estabelece o §4º-A do art. 65, as vantagens administrativas adicionais estabelecidas para os gabinetes das lideranças somente serão admitidas às representações partidárias que tiverem, no mínimo, um vinte e sete avos da composição do Senado Federal. Ou seja, a despeito de facultar a constituição de liderança para fins regimentais a qualquer partido (independentemente da bancada), o RISF prevê estrutura de gabinete próprio (recursos humanos[335] e materiais) apenas às legendas que possuam o número mínimo de três senadores. Não obstante, o Regulamento Administrativo do Senado Federal, no item 1.6 do Anexo I, disponibiliza às lideranças partidárias "com menos de três senadores", uma estrutura mais enxuta: um cargo de provimento em comissão de Assessor Parlamentar.

No tocante aos blocos parlamentares, o RISF exige um número mínimo para a constituição de liderança: um décimo da composição da Casa (art. 61, parágrafo único). Note-se que, de acordo com o §2º do art. 62, as lideranças dos partidos que se coligarem em bloco parlamentar perdem suas atribuições e prerrogativas regimentais[336].

A seu turno, o RISF também garante a constituição de liderança à maioria[337] e à minoria[338]. Da mesma forma, o faz em relação ao governo, cabendo ao Presidente da República a indicação de parlamentar para exercer tal função (art. 66-A).

No âmbito da atuação plenária, o RISF assegura aos líderes partidários: preferência em fazer o uso da palavra por até vinte minutos (art. 14, II, "b"); no processo de votação simbólico,

---

335 A estrutura ordinária dos gabinetes das lideranças partidárias é estabelecida no §2º pelos artigos 111 e 196 e, ainda, pelo Anexo I do Regulamento Administrativo do Senado Federal, cuja versão consolidada foi aprovada pela Resolução nº 11, de 2017. Nos termos dos itens 1.3 e 3.4 do Anexo I, os gabinetes das lideranças são dotados da seguinte estrutura: 13 (treze) cargos de provimento em comissão (06 Assessores Parlamentares, 06 Secretários Parlamentares e 01 Motorista) e 06 (seis) funções de confiança (01 Chefe de Gabinete, 01 Subchefe de Gabinete e 04 Assistentes Técnicos).

336 Sobre a problemática da supressão das lideranças partidárias quando as agremiações integrarem bloco parlamentar, vide Parecer nº 480, de 1990, aprovado pelo Plenário em 21/02/1991 (disponível em: <http://www.senado.gov.br/legislacao/regsf/RISF2015VolII.pdf>).

337 A maioria é integrada por bloco parlamentar ou representação partidária que represente a maioria absoluta da Casa (art. 65, §1º).

338 Formada a maioria, a minoria será aquela integrada pelo maior bloco parlamentar ou representação partidária que se lhe opuser (art. 65, §2º).

representar o voto de seus liderados (art. 293, II); no processo de votação nominal, votar em primeiro lugar (art. 294, III); opinar a respeito da dispensa das fases da sessão correspondentes ao Período do Expediente ou à Ordem do Dia em situações excepcionais e nos sessenta dias que precederem as eleições gerais (art. 174); opinar a respeito da convocação de sessões extraordinárias (art. 154, §3º).

Na mesma toada do RICD, o regimento senatorial disponibiliza às lideranças um considerável plexo de instrumentos procedimentais aptos a influenciar o rito da discussão e votação das matérias legislativas.

Nessa senda, é, individualmente, previsto aos líderes partidários: declarar obstrução em plenário (art. 13, §2º); a dispensa da discussão de matérias que tenham parecer favorável de todas as comissões (art. 276); formular recurso ou apoio requerimento de apreciação de questão de ordem pelo plenário (art. 405); nos projetos de código, possibilitar o encaminhamento de votação e o destaque de emendas e subemendas mediante apoiamento (art. 374, VIII); requerer a votação em destaque nos projetos de código (art. 374, XII).

No que tange à influência na atuação e composição dos órgãos internos do Senado Federal, os líderes detêm a prerrogativa de: fixar, no início de cada legislatura, a representação numérica dos partidos e dos blocos parlamentares nas comissões permanentes (art. 79); indicar os representantes dos partidos para compor as comissões permanentes (art. 66); opinar a respeito da delegação às comissões temáticas da competência para apreciar, em caráter terminativo, as matérias elencadas no art. 91, §1º.

A seu turno, como observado na Câmara dos Deputados, a utilização de determinadas prerrogativas regimentais demanda um critério de proporcionalidade de representação das lideranças:

**Quadro 3 – Prerrogativas das lideranças partidárias no Senado Federal tendo em vista o tamanho da bancada**

<table>
<tr><th>Tamanho da bancada</th><th>Prerrogativa</th></tr>
<tr><td>21 Senadores</td><td>requerer urgência quando se pretenda incluir em Ordem do Dia matéria pendente de parecer (art. 338, III).</td></tr>
<tr><td rowspan="2">27 Senadores</td><td>propor que a eleição para os cargos de Vice--Presidente e Secretários seja realizada em um único escrutínio (art. 60, §4º).</td></tr>
<tr><td>transformação de sessões deliberativas em sessões de debates temáticos para discussões e deliberações de assuntos relevantes de interesse nacional (art. 154, §7º).</td></tr>
<tr><td rowspan="2">41 Senadores</td><td>requerer a submissão de emenda a projeto de lei declarada inconstitucional ou injurídica pela Comissão de Constituição, Justiça e Cidadania quando não for unânime o parecer (art. 300, XVIII).</td></tr>
<tr><td>requerer urgência quando se trate de matéria que envolva perigo para a segurança nacional ou de providência para atender a calamidade pública (art. 338, I).</td></tr>
<tr><td>54 Senadores</td><td>apreciação da matéria na segunda sessão deliberativa ordinária subsequente à aprovação do requerimento (art. 338, II).</td></tr>
</table>

**Fonte: Elaborado pelo autor a partir do Regimento Interno do Senado Federal**

A seu turno, a proeminência das lideranças a partir do RISF resta patente não apenas no controle e acesso aos instrumentos de influência no fluxo e ritmo do processo legislativo, mas, também, na positivação do papel de representação da vontade das bancadas até mesmo para afastar a aplicação de determinada norma regimental.

Tal é o objetivo do inciso III, do art. 412[339], que prevê a possibilidade de prevalência de acordo de lideranças sobre normal regimental quando a avença for aprovada por unanimidade em sessão plenária "mediante voto nominal, resguardado o quórum mínimo de três quintos dos votos dos membros da Casa". Note-se que o objeto de deliberação plenária será o conteúdo do acordo previamente entabulado pelas lideranças partidárias formalmente constituídas no Senado.

## 4.4. O protagonismo das lideranças na dinâmica do processo legislativo

Consoante asseverado nas linhas precedentes e com sustentação nos paradigmas apresentados, reconhece-se a imprescindibilidade dos líderes partidários no contexto do presidencialismo de coalizão como forma de, ao centralizar os papéis dos atores políticos, viabilizar e dinamizar a relação entre os poderes Executivo e Legislativo, reduzindo os custos da transação política.

Entretanto, tal premissa não é isenta de críticas[340], inclusive no próprio seio parlamentar.

---

339 Os detalhes a respeito do dispositivo regimental já foram apresentados no tópico 3.3 do Capítulo 3 desta obra.

340 Nesse sentido, vale salientar a crítica de Carl Schmitt acerca do "desaparecimento", nas democracias modernas, dos pressupostos ideais do parlamentarismo – como a própria publicidade das discussões e deliberações – em razão das negociações entabuladas, secretamente, em círculos de participação reduzida compostos por líderes e chefes de partidos: "*Las negociaciones en el seno del Parlamento, o fuera del Parlamento, em las llamadas conferencias interfraccionales, no son discusión, sino negociaciones; la discusión oral sirve aquí a la finalidad de um cálculo recíproco de la agrupación de fuerzas e intereses* [...] *El Parlamento se convierte em uma espécie de autoridad que decide en deliberación secreta y que anuncia el resultado del acuerdo en forma de votación en una sesión pública; a la votación preceden, según una práctica que procede de otras épocas, discursos de los distintos partidos. Los reducidos comitês*

Na oportunidade da discussão travada na tramitação do PRC nº 60/1996, cujo objeto é a alteração da sistemática de proposição dos requerimentos de destaque[341], manifestou-se o deputado Arnaldo Faria de Sá (PPB/SP), *in verbis*:

> Sr. Presidente, Srªs. e Srs. Deputados, estamos diante da votação de uma matéria extremamente importante, e os Líderes já decidiram por si o que querem fazer. Os Deputados não valem nada. Já está decidido. O Deputado, que hoje vale muito pouco, passará a valer, a partir de agora, muito menos, porque o Líder é que terá o direito e a prerrogativa de apresentar o destaque.
>
> V. Exªs não valerão nada neste Plenário! De nada adiantará um Parlamentar conseguir várias assinaturas para apresentar um destaque. De repente, simbolicamente, o requerimento será votado e derrotado. E assim o mérito não será apreciado.
>
> Eu estava inscrito para falar na discussão da matéria, era o quarto inscrito para encaminhar contra, mas os Líderes apresentaram à Mesa requerimento de encerramento da discussão, e não pude falar. É assim que os Líderes agirão. Farão os acordos e passarão por cima de V. Exªs, ignorando o valor de um Parlamentar.
>
> Os Srs. Líderes chegaram a esta Casa da mesma forma que V. Exªs: lutando lá fora, buscando o voto popular. Não podemos agora ser relegados, por conta de um plano secundário, a Deputados de terceira, de quarta categoria.

---

*en que surge de hecho la resolución no son siempre Comisiones del Parlamento mismo, sino conferencias de jefes de partido, conversaciones interfraccionales de carácter confidencial, conversaciones com los comitentes de los partidos, com las asociaciones de interesses, etc*" (SCHMITT, Carl. *Teoría de la Constitución*..., p. 306-307).

341 Ver, no tópico 4.2 do presente capítulo, maiores detalhes sobre a relevância da alteração regimental promovida no art. 161, §2º, do RICD.

> [...]
>
> Não adianta os Srs. Líderes acharem que podem falar por todos os componentes de uma bancada, porque não podem. V. Ex<sup>as</sup> têm voz, e ela terá de ser ouvida, queiram ou não os Srs. Líderes desta Casa.[342]

Apesar de preceder o parlamentar no debate, o deputado Gerson Peres (PPB/BA) teceu considerações como que em resposta ao orador alhures mencionado, destacando a imprescindibilidade pragmática do líder para o desenvolvimento dos trabalhos políticos e ressaltando que a importância das lideranças se justifica pelo fato de a democracia brasileira estar calcada na fundamentalidade dos partidos políticos que, por isso, se sobreporiam aos mandatos[343].

342 Diário da Câmara dos Deputados, edição nº 115, de 27/06/1996, p. 18.446-18.447 (disponível em: <http://imagem.camara.gov.br/Imagem/d/pdf/DCD27JUN1996.pdf#page=131>. Acesso em: 12 mai. 2015).

343 "Não há nenhuma limitação, também, dentro dos partidos. Quando ouço um Deputado me dizer que os partidos não têm esse direito, eu pergunto se S. Exª joga fora a causa para engrandecer o efeito. Nenhum de nós Deputados poderíamos apresentar emendas, se não fôssemos registrados por um partido e eleitos sob a legenda do mesmo. No Brasil, a Justiça Eleitoral não legitima o mandato avulso, só o partidário. A Constituição de 1988 eliminou a fidelidade partidária, transferiu-se para os estatutos partidários, e os partidos [...] podem cassar mandatos processualmente, em conformidade com a alínea da lei, Portanto, os partidos se sobrepõem aos mandatos, porque estes inexistem sem os partidos. É legítimo, portanto, que os partidos defendam os seus programas e as suas doutrinas através de DVS [...] Reúna a sua bancada democraticamente e, por maioria, traga aqui o DVS para defender o seu programa e a sua doutrina" (Diário da Câmara dos Deputados, edição nº 115, de 27/06/1996, p. 18.442-18.443. Disponível em: <http://imagem.camara.gov.br/Imagem/d/pdf/DCD27JUN1996.pdf#page=131>. Acesso em: 12 mai. 2015).

É exatamente com esteio na premissa de ser o partido político o titular do mandato e forte no marco teórico apresentado no Capítulo 1 (segundo o qual as agremiações partidárias, como mecanismo de racionalização do exercício do poder, são instrumentos essenciais à operacionalização da democracia representativa) que se defende a constitucionalidade das disposições regimentais que condicionem o uso de determinadas prerrogativas procedimentais por via coletiva, como vontade da bancada manifestada por um líder.

Tal necessidade se acentua diante da dinâmica da relação entre Executivo-Legislativo no Brasil e do arranjo pluripartidário, sendo condição para o desentrave dos projetos institucionais a formação de complexas coalizões, contexto no qual desponta a importância da figura do líder como fator de centralização dos canais de comunicação com a Presidência da República, reduzindo-se, consideravelmente, os custos da transação política.

A imprescindibilidade da centralização de papéis é, sem sombra de dúvidas, refletida na disciplina regimental das prerrogativas dos líderes partidários acerca da coordenação do processo legislativo e da composição dos cargos internos das Casas Legislativas (Mesa Diretora, comissões permanentes e temporárias, procuradorias e ouvidorias parlamentares, etc.).

Nessa seara, a consagração do critério de proporcionalidade da bancada para a composição dos cargos internos corrobora a lógica de funcionamento das Casas Legislativas a partir dos partidos políticos e, assim, fortalece a importância das lideranças.

O poder dos partidos foi reforçado com o advento da RCD nº 34/2005[344] e da RSF nº 35/2006[345], que vedam a redistribuição dos cargos entre as bancadas ao longo da legislatura. Tais normatizações obstaram a reiterada prática de se empreender uma "atualização" da proporcionalidade dos cargos internos em razão da alteração do tamanho das bancadas. Ou seja, a partir de então, a proporcionalidade verificada na instalação da primeira sessão legislativa é mantida por toda a legislatura. Consoante observa Geralda Luiza de Miranda, a previsão contida nas referidas resoluções favoreceu os partidos de oposição que, em razão da diminuição de sua bancada ao longo do primeiro ano do governo

344 A RCD nº 34/2005 promoveu diversas alterações no RICD, destacando-se os seguintes dispositivos:
Art. 8º, § 4º: "As vagas de cada Partido ou Bloco Parlamentar na composição da Mesa serão definidas com base no número de candidatos eleitos pela respectiva agremiação, na conformidade do resultado final das eleições proclamado pela Justiça Eleitoral, desconsideradas as mudanças de filiação partidária posteriores a esse ato"; Art. 23, parágrafo único: "O Deputado que se desvincular de sua bancada perde automaticamente o direito à vaga que ocupava em razão dela, ainda que exerça cargo de natureza eletiva"; Art. 26: "A distribuição das vagas nas Comissões Permanentes entre os Partidos e Blocos Parlamentares será organizada pela Mesa logo após a fixação da respectiva composição numérica e mantida durante toda a legislatura". De acordo com o art. 3º da RCD nº 34/2005, a resolução entrou em vigor a partir de 01/02/2007.

345 A RSF nº 35/2006 promoveu diversas alterações no RISF, destacando-se os seguintes dispositivos:
Art.59, §2º: "Para os fins do cálculo de proporcionalidade, as bancadas partidárias são consideradas pelos seus quantitativos à data da diplomação"; Art. 78, parágrafo único: "Para fins de proporcionalidade, as representações partidárias são fixadas pelos seus quantitativos à data da diplomação, salvo nos casos de posterior criação, fusão ou incorporação de partidos"; Art. 81, § 1º: "A substituição de membro da comissão que se desligar do partido ao qual pertence o lugar na comissão não alterará a proporcionalidade estabelecida nos termos do parágrafo único do art. 78 e do art. 79 deste Regimento".

(em especial por cooptação dos partidos integrantes da coalizão), ficavam prejudicados quanto à redistribuição dos cargos[346].

Outra alteração de especial relevância para realçar a imprescindibilidade dos partidos políticos - já abordada no tópico 2.3 do Capítulo 2 -, refere-se à interpretação conferida pelo Tribunal Superior Eleitoral e pelo Supremo Tribunal Federal no sentido de o mandato pertencer ao partido e não ao parlamentar[347], o que confere às agremiações prejudicadas diante de eventual migração, a prerrogativa de reivindicar os mandatos então exercidos pelos "infiéis".

Dado o caráter partidarizado da democracia brasileira, a lógica de conferir ao líder o poder de representação da respectiva bancada é assaz elementar, o que se percebe consagrado nos regimentos internos de ambas as Casas do Congresso Nacional, talvez de forma mais evidente na Câmara dos Deputados tendo em vista o maior quantitativo de parlamentares e o fato de o ingresso se dar pela via do sistema proporcional[348].

Ademais, não se pode olvidar que, nos termos do art. 9º, §§2º e 3º, do RICD, e do art. 65, §6º, do RISF, a escolha dos líderes se dá por processo interno e independente no seio das agremiações

---

346 MIRANDA, Geralda Luiza de. A delegação aos líderes partidários..., p. 221.

347 Resolução TSE nº 22.526 (DJ 09/05/2007, p. 143) e, no STF, Mandados de Segurança nº 26.602, 26.603 e 26.604.

348 Nesse sentido, MIRANDA, Geralda Luiza de. A delegação aos líderes partidários..., p. 220: "[F]oi verificado que a delegação às lideranças é mais importante na Câmara dos Deputados do que no Senado Federal, o que se explica pela diferença na magnitude da representação. Na medida em que a delegação legislativa funciona como mecanismo de superação dos dilemas de ação coletiva, e sendo estes maiores na Câmara do que no Senado, a diferença na delegação legislativa não chega a surpreender. Os senadores, dado que são em menor número do que os deputados, possuem mais capacidade para processar informações e coordenar sua atuação parlamentar de forma descentralizada e dependem menos de seus líderes para ocupar as comissões que lhes interessam, posto que lhes é permitido um acúmulo significativamente maior de cargos".

partidárias. Logo, havendo insatisfação em relação à atuação da liderança então indicada, estão à disposição dos parlamentares insurgentes mecanismos democráticos para convencimento da bancada quanto à destituição do líder.

E cumpre verificar que a concentração dos instrumentos regimentais de intervenção no fluxo do processo legislativo não é uma característica peculiar da democracia brasileira ou de países em via de democratização plena.

Uma análise perfunctória da realidade verificada nos parlamentos de nações consideradas desenvolvidas e estáveis democraticamente permite confirmar a assertiva de que a democracia representativa é ancorada nos agrupamentos políticos, sendo o jogo parlamentar centralizado e protagonizado por líderes partidários.

Tal é *modus operandi* observado, por exemplo, nos parlamentos de países europeus de marcante feição multipartidária, como a França, Alemanha, Espanha e Portugal.

Em França, o Regimento Interno da Assembleia Nacional prevê a possibilidade de constituição de "grupos políticos" com o número mínimo de quinze deputados. A atuação de tais grupos, organizados a partir das afinidades políticas entre seus integrantes, é prevista no regimento como essencial ao funcionamento parlamentar, uma vez que integram a "Conferência dos Presidentes" e servem de referência para a distribuição das vagas nas comissões e do tempo de fala nas sessões plenárias[349]. Os grupos políticos são representados por presidentes (líderes), que têm assento na "Con-

349 Informações a partir do sítio virtual oficial da Assembleia Nacional Francesa (disponível em: <http://www.assemblee-nationale.fr/14/tribun/xml/effectifs_groupes.asp>. Acesso em: 03 ago. 2015).

ferência dos Presidentes" que, dentre outras, possui a relevante competência de definir a ordem do dia e a pauta de votações[350].

A estruturação de "grupos parlamentares" também é prevista no regimento do Parlamento Federal Alemão (*Deutscher Bundestag*). A composição deve ser de, no mínimo, cinco por cento dos membros da Casa, reunidos em razão de afinidades políticas, podendo ou não pertencer ao mesmo partido[351]. Conforme dicção da Seção 47, os grupos parlamentares, representados por seus respectivos presidentes, auxiliam o desempenho das funções do Legislativo alemão, o que evidencia, pois, um importante papel atribuído aos líderes. Interessante observar que não há no regimento a previsão de um colegiado de líderes ou presidentes dos grupos parlamentares. A bem da verdade, a atribuição consultiva ao presidente do Parlamento é desempenhada pelo chamado "Conselho de Anciãos"[352], a quem compete definir a pauta legislativa, a composição das comissões internas e dirimir eventuais conflitos políticos a respeito de determinadas matérias[353].

No Congresso de Deputados da Espanha, há previsão da "*Junta de Portavoces*" (Conselho de Porta-vozes), órgão através do qual os grupos parlamentares participam e opinam sobre os procedimentos de organização dos trabalhos legislativos[354]. É composto pelo

---

350 Informações a partir do sítio virtual oficial da Assembleia Nacional Francesa (disponível em: < http://www.assemblee-nationale.fr/14/tribun/xml/conf_pre.asp>. Acesso em: 03 ago. 2015).

351 Informações a partir do sítio virtual oficial do *Deutscher Bundestag* (disponível em: < http://www.bundestag.de/htdocs_e/bundestag/groups>. Acesso em: 03 ago. 2015).

352 Composto pelo presidente do *Bundestag* alemão, os vice-presidentes e 23 outros deputados com maior experiência de atuação parlamentar.

353 Informações a partir do sítio virtual oficial do *Deutscher Bundestag* (disponível em: <http://www.bundestag.de/htdocs_e/bundestag/elders>. Acesso em: 03 ago. 2015).

354 Vide o *Reglamento del Congreso de los Diputados de 1982* (disponível em: <http://www.congreso.es/portal/page/portal/Congreso/Congreso/Hist_Normas/Norm/reglam_congreso.pdf>. Acesso em: 03 ago. 2015).

presidente do Congresso e pelos porta-vozes de todos os grupos parlamentares. A principal função do colegiado está na definição da agenda das sessões plenárias, devendo, ainda, opinar na preparação do calendário legislativo e na fixação da ordem do dia, composição das comissões e organização de debates. As decisões do "Conselho de Porta-vozes" são tomadas por votação ponderada, de modo que o voto de cada porta-voz é equivalente ao número de membros do respectivo grupo parlamentar[355].

Em Portugal, o Regimento da Assembleia da República[356], dispõe, em seu art. 6º, que os deputados eleitos por cada partido ou coligação de partidos podem constituir-se em grupo parlamentar[357], que serão representados por seus respectivos presidentes. De se notar que há previsão no Parlamento português de órgão similar ao Colégio de Líderes na Câmara dos Deputados: a "Conferência de Líderes". De acordo com o art. 20, o presidente da Assembleia reúne-se com os presidentes dos grupos parlamenta-

355 Informações a partir do sítio virtual oficial do *Congresso de los Diputados* (disponível em: <http://www.congreso.es/portal/page/portal/Congreso/Congreso/Organos/JuntPor>. Acesso em: 03 ago. 2015).

356 Disponível em: <http://www.parlamento.pt/Legislacao/Documents/Legislacao_Anotada/RegimentoAR_Simples.pdf >. Acesso em: 03 ago. 2015.

357 Os grupos parlamentares, conforme o art. 8º, possuem importantes atribuições na gestão dos trabalhos legislativos, destacando-se: a participação nas comissões internas em razão da proporcionalidade da bancada; requerer a constituição de comissões parlamentares de inquérito; apresentações moções de censura ao governo; e produzir declarações de voto orais após as votações finais globais. Cumpre frisar, que o regimento interno do Parlamento português, reconhecendo a essencialidade dos grupos políticos, estabelece no art. 9º um rol de "direitos dos grupos parlamentares", dentre os quais se notabilizam: ser ouvido na fixação da ordem do dia e interpor recurso para o Plenário da ordem do dia fixada; requerer a interrupção da reunião plenária; dispor de locais de trabalho na sede da Assembleia, bem como de pessoal técnico e administrativo da sua confiança. Quanto ao tempo de fala nas sessões legislativas, bem como ao direito à fixação da ordem do dia por reunião (art. 64), o regimento interno, em seu Anexo II, estabelece um critério de proporcionalidade em razão do tamanho da bancada.

res para apreciar os assuntos concernentes à fixação da ordem do dia, composição e funcionamento das comissões e organização da agenda legislativa e sempre que entender necessário para o regular funcionamento da Casa.

A centralização da atuação política no seio das Casas Legislativas atribuída aos líderes partidários também é uma constante nos sistemas de feição bipartidária[358], como no Reino Unido[359] e nos Estados Unidos da América[360].

---

358 Não obstante a possibilidade de instituição de partidos, constata-se a tendência, nos sistemas políticos inglês e norte-americano, de concentração de cadeiras em apenas duas agremiações. Assim, em tais nações, o bipartidarismo se manifesta como um fenômeno prático e não jurídico/normativo. Há, pois, possibilidade de existência de múltiplos partidos (como efetivamente ocorre). Contudo, devido aos respectivos sistemas eleitorais, apenas dois partidos obtém expressividade deliberativa no Parlamento.

359 Consoante o regimento da Câmara dos Comuns, cada partido com assento na Casa "terá direito a um deputado-líder" que representará a agremiação nas decisões. Quanto aos debates, os tópicos da Ordem de Dia serão indicados pelos líderes que, em consenso, submeterão ao Presidente da Câmara (*Speaker*). Para a propositura de um projeto de lei são necessárias cinco assinaturas de parlamentares ou de apenas um líder partidário (disponível em: <http://temasmg.com/wp-content/uploads/2015/05/Regras-C%C3%A2mara-do-Comuns-TEMAS-11.pdf>. Acesso em: 03 ago. 2015).

360 De acordo com o sítio virtual da Câmara dos Representantes dos EUA, "*The House of Representatives, with its large membership, has chosen majority and minority leaders since the 19th century to expedite legislative business and to keep their parties united. These leaders are elected every two years in secret balloting of the party caucus or conference. A list of House majority leaders from 1899 to present are available below. The role of the majority leader has been defined by history and tradition. This officer is charged with scheduling legislation for floor consideration; planning the daily, weekly, and annual legislative agendas; consulting with Members to gauge party sentiment; and, generally working to advance the goals of the majority party*" (disponível em: <http://history.house.gov/People/Office/Majority-Leaders/>. Acesso em: 03 ago. 2015). Com efeito, ainda que bipartidário, o sistema de funcionamento interno do Legislativo norte-americano reconhece a importância da centralização de poderes de representação nos líderes para dinamizar o processo legislativo e manter a coesão interna das agremiações partidárias.

A partir do relato quanto à disciplina normativa do funcionamento dos parlamentos de países que, de forma inconteste, ostentam uma democracia consolidada e estável, mostra-se evidente ser a democracia representativa ancorada nos partidos políticos, e, diante de tal pressuposto e da necessidade de conferir maior dinamicidade aos trabalhos legislativos, ser o jogo parlamentar centralizado e protagonizado por líderes partidários.

Tal realidade acarreta decisivo reflexo nos regimentos internos das Casas Legislativas que, diante da tarefa de estabelecer os detalhes e minúcias da "regra do jogo" e operacionalizar a condução do processo legiferante, imprime segurança e estabilidade normativa ao sistema político ao dispor sobre as bases e limites da atuação dos líderes partidários, garantindo a cada parlamentar individualmente um conteúdo mínimo de autonomia no exercício de suas funções.

Com lastro no marco teórico apresentado, conclui-se que a dinâmica de centralização da atuação nos líderes se justifica por estarem mantidas as condições procedimentais democráticas no contexto do processo legiferante a partir da atuação dos partidos políticos como agentes de representação de interesses legítimos, ideologias e visões de mundo de determinados segmentos de uma sociedade plural.

O atributo democrático ao processo legislativo, em contexto de centralização dos papéis nas lideranças, estará configurado quando os líderes desempenharem a legítima função de representantes das bancadas e, no exercício dessa competência – cuja razão de ser só se justifica em uma democracia sustentada nos partidos políticos (como o caso brasileiro) –, viabilizarem a conciliação de interesses opostos e a formação de acordos necessários à obtenção da "vontade geral" [361].

361 KELSEN, Hans. Essência e valor da democracia..., p. 39-40.

Ademais, o viés democrático restará observado no Brasil por se reconhecer que o sistema político, calcado na fundamentalidade dos partidos políticos, contempla as instituições básicas para ser qualificado, na concepção formulada por Robert Dahl[362], como uma poliarquia "em desenvolvimento".

## 4.5. Conclusões parciais

A centralização das negociações políticas e a dinâmica do processo decisório nas matérias de interesse do Executivo típicas do presidencialismo de coalizão no Brasil (vide Capítulo 2) influenciam a normatização nos regimentos internos dos meandros do processo legislativo, havendo sintomática concentração de poderes na Mesa Diretora e nos líderes partidários, sendo esses, os principais representes das agremiações partidárias no âmbito do Parlamento.

Como resultado de tal dinâmica, a partir dos regimentos internos, ao líder são conferidos importantes instrumentos para influir no fluxo procedimental de discussão e votação das matérias legislativas, o que representa um "capital político" apto a credenciar as lideranças em negociações e acordos a respeito de uma determinada agenda parlamentar.

A imprescindibilidade da centralização de papéis reflete-se na disciplina regimental das prerrogativas dos líderes partidários de coordenação do processo legislativo e para a composição dos cargos internos das Casas Legislativas (Mesa Diretora, comissões permanentes e temporárias, procuradorias e ouvidorias parlamentares, etc.).

362 DAHL, Robert. *Sobre a democracia...*, p. 99-100.

Nessa seara, a consagração do critério de proporcionalidade da bancada para a composição dos cargos internos corrobora a lógica de funcionamento das Casas Legislativas a partir dos partidos políticos e, assim, fortalece a importância das lideranças.

Dado o caráter partidarizado da democracia brasileira, a lógica de conferir ao líder o poder de representação da respectiva bancada mostra-se, por conseguinte, assaz elementar, o que se percebe consagrado nos regimentos internos de ambas as Casas do Congresso Nacional, talvez de forma mais evidente na Câmara dos Deputados tendo em vista o maior quantitativo de parlamentares e o fato de o ingresso se dar pela via do sistema proporcional.

Constatou-se, ainda, que a concentração dos instrumentos regimentais de intervenção no fluxo do processo legislativo nas mãos dos líderes não é uma característica peculiar da democracia brasileira ou de países em via de democratização plena. A bem da verdade, a análise das normas de organização interna de parlamentos de nações consideradas desenvolvidas e estáveis democraticamente, como França, Alemanha, Espanha e Portugal, EUA e Reino Unido, permitiu confirmar a assertiva de que a democracia representativa é ancorada nos agrupamentos políticos, sendo o jogo parlamentar centralizado e protagonizado por líderes partidários.

Tal realidade acarreta decisivo reflexo nos regimentos internos das Casas Legislativas que, diante da tarefa de estabelecer os detalhes e minúcias da "regra do jogo" e operacionalizar a condução do processo legiferante, confere segurança e estabilidade normativa ao sistema político ao dispor sobre as bases e limites da atuação dos líderes partidários, garantindo a cada parlamentar individualmente um conteúdo mínimo de autonomia no exercício de suas funções.

# Conclusões Finais

A presente obra teve por propósito investigar se a regulamentação da atuação dos líderes partidários pelas normas regimentais da Câmara dos Deputados e Senado Federal seria compatível com os pressupostos da democracia representativa e a estrutura do processo político traçada pela Constituição Federal de 1988.

Nesse intento, a pesquisa se desenvolveu com base na noção de "democracia" minimalista, relativista e procedimental exposta por Robert Dahl e Hans Kelsen, pela qual o Parlamento é visto como órgão essencial para realização da democracia em razão da heterogeneidade existente na sociedade, e reconhecido aos partidos políticos, como mecanismo de racionalização do exercício do poder, o papel de instrumento essencial à operacionalização da democracia representativa.

Com efeito, dada a impossibilidade prática de participação política direta e unânime dos cidadãos na sociedade contemporânea, estando as vontades individuais formalmente representadas, é o parlamentarismo o regime por excelência para se buscar, através do debate e discussão, o consenso, entendido esse como a única forma de integração social.

É, portanto, a democracia representativa o modelo procedimental apto a viabilizar a sintetização dos princípios da liberdade e igualdade, e, assim, assumir a função de produção do ordenamento jurídico, legitimando-se por figurar como um órgão especializado e integrado por representantes eleitos por um maior número de votantes possível.

O desenvolvimento da democracia consagrou, na década de 1950, um modelo político partidarizado, reconhecendo os partidos políticos como instrumentos imprescindíveis ao processo de representação e objetivação das posições doutrinárias e ideológicas existentes, atuando tais agremiações como o elo de vinculação dos interesses parciais ao interesse geral vinculado ao Estado.

Destarte, a partir dos partidos políticos, haveria a canalização de interesses convergentes para disputa do acesso ao poder político no contexto de um processo altamente competitivo, sistematizando a manifestação do eleitorado e estabelecendo um liame entre eleitores e eleitos. Portanto, a essencialidade dos partidos políticos, no Estado de Direito, tanto mais se acentua quando se tem em consideração que representam eles um instrumento decisivo na concretização do princípio democrático.

Averiguou-se que a fundamentalidade dos partidos políticos é condição pressuposta pela Constituição Federal de 1988 para a concretização do princípio democrático, sendo um meio institucionalizado a atuar no processo de legitimação do poder estatal. Ademais, é o partido político o veículo viabilizador da participação política por parte dos cidadãos, o que lhe confere o status de instituição basilar à consecução dos requisitos expostos por Robert Dahl para a configuração do Brasil como uma poliarquia "em desenvolvimento", em especial a cidadania inclusiva, autonomia para as associações, a realização de eleições livres, justas e frequentes e a franca possibilidade de qualquer cidadão poder se candidatar a um cargo eletivo.

Reconhecendo tratar-se de condição *sine qua non* para a formação da vontade política do povo, o texto constitucional, ao regular e disciplinar o processo de institucionalização dos partidos políticos, objetiva assegurar o acesso dos cidadãos ao exercício do poder estatal, na medida em que pertence às agremiações partidárias o monopólio das candidaturas aos cargos eletivos.

Delineado o marco teórico e com vistas a aprofundar o estudo a respeito da disciplina dos regimentos internos das Casas do Congresso Nacional no sentido de operacionalizar o processo legislativo, a pesquisa seguiu para a investigação da lógica do processo decisório brasileiro.

A análise do processo de tomada de decisão política no Brasil pós-constituinte e da relação entre Executivo e Legislativo demonstra ser a "composição" o padrão de interação no âmbito do parlamento, em detrimento de um perfil de "confronto" entre atores políticos.

É exatamente a fragmentação do poder e o multipartidarismo que tonificam o aspecto consensual e de composição da democracia brasileira, uma vez que a aprovação de determinadas matérias (em especial no que tange às leis orçamentárias e às políticas fiscal e salarial) obriga o governo a entabular entendimento com os partidos e os líderes parlamentares de oposição.

É de se reconhecer que a atual configuração dos regimentos internos das Casas do Congresso Nacional, ao consignar às minorias parlamentares mecanismos significativos para efetivamente influenciar o processo político de tomada de decisões, viabiliza a prática democrática consensual, de modo que se vê mantida a dialética maioria-oposição e, também, os espaços de composição de conflitos e estabulação de acordos entre as forças políticas existentes no sistema pluripartidário brasileiro.

Ainda que centralize o espaço decisório no plenário e confira aos líderes e às Mesas grande parcela de prerrogativas sobre a condução dos trabalhos legislativos, os regimentos analisados disponibilizam às minorias instrumentos para se evitar eventuais posturas tirânicas da maioria. O respeito a tal configuração é, em grande parte, tributário da estrutura do regime democrático brasileiro, no qual se observa a rotatividade do poder. Tal panorama de constante alternação e rearranjo das forças políticas induz a uma relação consensual entre maioria e oposição, circundada e respaldada pelos regimentos internos. Afinal, o fato de ser alta a probabilidade de troca de papéis favorece a estruturação de uma oposição responsável e de uma maioria menos autoritária e aberta ao diálogo.

Diante de tal conjuntura, dadas as vicissitudes do processo de decisão política no Brasil, a governabilidade do Poder Executivo somente se mostra possível mediante a formação de uma base de sustentação política, conhecida pela denominação "presidencialismo de coalizão".

Nesse contexto, a viabilidade governamental demanda que a maioria parlamentar seja permanente e que a relação entre Executivo e Legislativo seja estabelecida entre a Presidência da República e os partidos políticos com assento no Congresso Nacional, reduzindo, assim, os custos da transação política.

Com efeito, em vista do poder de agenda e do controle de recursos não-legislativos por parte do Executivo (cargos públicos, recursos, verbas, investimentos, etc.), além da centralização do processo decisório nas mãos das lideranças, o governo detém uma posição estratégica para negociar o apoio de que necessita a partir de bases partidárias e não em moldes individuais.

A relevância dos partidos políticos como instituições essenciais ao funcionamento de uma democracia representativa, na linha do que fora defendido por Hans Kelsen em sua teoria política, mostrou-se premissa paradigmática para o desenvolvimento da presente pesquisa, porquanto o papel atribuído aos líderes na condução do processo legiferante somente se justifica quando as lideranças são entendidas como postos de representação das agremiações partidárias.

O líder afigura-se como o principal representante das agremiações partidárias no âmbito de cada Casa Legislativa. Destarte, a centralização das negociações políticas e a dinâmica do processo decisório nas matérias de interesse do Executivo influenciam, sobremaneira, a normatização nos regimentos internos dos meandros do processo legislativo, havendo sintomática concentração de poderes na Mesa Diretora e nos líderes partidários.

Como resultado de tal dinâmica, a partir dos regimentos internos, o líder é dotado de importantes instrumentos para influir no fluxo procedimental de discussão e votação das matérias legislativas, o que representa um "capital político" apto a credenciá-lo em negociações e acordos a respeito de uma determinada agenda parlamentar.

A imprescindibilidade da centralização de papéis é, sem sombra de dúvidas, refletida na disciplina regimental das prerrogativas dos líderes partidários de coordenação do processo legislativo e para a composição dos cargos internos das Casas Legislativas (Mesa Diretora, comissões permanentes e temporárias, procuradorias e ouvidorias parlamentares, etc.).

Nessa seara, a consagração do critério de proporcionalidade da bancada para a composição dos cargos internos corrobora a lógica de funcionamento das Casas Legislativas a partir dos partidos políticos e, assim, fortalece a importância das lideranças.

O poder dos partidos foi reforçado com o advento da RCD nº 34/2005 e da RSF nº 35/2006, que vedam a redistribuição dos cargos entre as bancadas ao longo da legislatura. Tais normatizações obstaram a reiterada prática de se empreender uma "atualização" da proporcionalidade dos cargos internos em razão da alteração do tamanho das bancadas. Face a tal realidade, a proporcionalidade verificada quando da instalação da primeira sessão legislativa é mantida por toda a legislatura.

Outra alteração de especial relevância para realçar a imprescindibilidade dos partidos políticos refere-se à interpretação conferida pelo Tribunal Superior Eleitoral e pelo Supremo Tribunal Federal no sentido de reconhecer aos partidos políticos a titularidade dos mandatos parlamentares.

Dado o caráter partidarizado da democracia brasileira, a lógica de conferir ao líder o poder de representação da respectiva bancada mostra-se, por conseguinte, assaz elementar, o que se percebe consagrado nos regimentos internos de ambas as Casas do Congresso Nacional, talvez de forma mais evidente na Câmara dos Deputados tendo em vista o maior quantitativo de parlamentares e o fato de o ingresso se dar pela via do sistema proporcional.

Ademais, não se pode olvidar que, nos termos do art. 9º, §§2º e 3º, do RICD, e do art. 65, §6º, do RISF, que a escolha dos líderes se dá por processo interno e independente no seio das agremiações partidárias. Logo, havendo insatisfação em relação à atuação da liderança então indicada, estão à disposição dos parlamentares insurgentes mecanismos democráticos para convencimento da bancada quanto à destituição do líder.

Constatou-se, ainda, que a concentração dos instrumentos regimentais de intervenção no fluxo do processo legislativo nas mãos dos líderes não é uma característica peculiar da democracia brasileira ou de países em via de democratização plena. A bem da verdade, a análise das normas de organização interna de parlamentos de nações consideradas desenvolvidas e estáveis democraticamente, como França, Alemanha, Espanha e Portugal, EUA e Reino Unido, permitiu confirmar a assertiva de que a democracia representativa é ancorada nos agrupamentos políticos, sendo o jogo parlamentar centralizado e protagonizado por líderes partidários.

Tal realidade é refletida, de forma decisiva, nos regimentos internos das Casas Legislativas que, diante da tarefa de estabelecer os detalhes e minúcias da "regra do jogo" e operacionalizar a condução do processo legiferante, imprime segurança e estabilidade normativa ao sistema político ao dispor sobre as bases e limites da atuação dos líderes partidários, garantindo a cada parlamentar individualmente um conteúdo mínimo de autonomia no exercício de suas funções.

Portanto, com sustentação no marco teórico apresentado no Capítulo 1 e na premissa segundo a qual os mandatos parlamentares pertencem aos partidos políticos, reputam-se adequadas à Constituição Federal de 1988 as disposições regimentais contidas no RICD e no RISF que conferem ao líder partidário a exclusividade do exercício de determinadas prerrogativas e atribuições procedimentais, tendo em vista a presunção de externalização da vontade da bancada.

# Referências

ABRANCHES, Sérgio Henriques. Presidencialismo de Coalizão: O Dilema Institucional Brasileiro. *Dados*, Rio de Janeiro, v. 31, n. 1, p. 5-34, 1988.

AGÊNCIA CÂMARA NOTÍCIAS. *Líderes definem pauta de votações do esforço concentrado*. Brasília, 02/04/2014. Disponível em: <http://www2.camara.leg.br/camaranoticias/noticias/POLITICA/465127-LIDERES-DEFINEM-PAUTA-DE-VOTACOES-DO-ESFORCO-CONCENTRADO.html>. Acesso em: 05 ago. 2015

ÁLVAREZ, Elviro Aranda. *Los actos parlamentarios no normativos y su control jurisdiccional*. Madrid: Centro de Estudios Políticos y Constitucionales, 1998.

AMORIM, Victor Aguiar Jardim de. O caráter dinâmico dos regimentos internos das casas legislativas. *Revista de Informação Legislativa*, v. 52, n. 208, p. 341-357, out./dez. 2015.

______. O controle jurisdicional dos atos parlamentares: a (in) sindicabilidade da decisão interna corporis. *Interesse Público – IP*, Belo Horizonte, ano 19, n. 105, p. 103-130, set./out. 2017.

AMORIM NETO, Octavio. O Brasil, Lijphart e o Modelo Consensual de Democracia. In: INÁCIO, Magna; RENNÓ, Lucio (org.). *Legislativo brasileiro em perspectiva comparada*. Belo Horizonte: Editora UFMG, 2009

AZEVEDO, Luiz Henrique Cascelli de. In: MENDES, Gilmar Ferreira; STRECK, Lenio Luiz. In: CANOTILHO, J. J. Gomes.

*Comentários à Constituição do Brasil.* São Paulo: Saraiva/Almedina, 2013.

BARACH, Peter; BARATZ, Morton S. Decisions and non-decisions: an Analytical Framework. *The American Political Science Review*, vol. 57, n. 3, p. 632-642, 1965. Disponível em: <http://www.jstor.org/discover/10.2307/1952568?uid=3737664&uid=2&uid=4&sid=21106542828833>. Acesso em: 21 abr. 2015.

______. Duas faces do poder. Tradução: Gustavo Biscaia de Lacerda. *Revista de Sociologia e Política*, Curitiba, v. 19, n. 40, p. 149-157, out. 2011.

BARBOSA, Leonardo Augusto de Andrade. *Processo Legislativo e Democracia.* Belo Horizonte: Del Rey, 2010.

BASTOS, Celso Ribeiro; MARTINS, Ives Gandra. *Comentários à Constituição de 1988*: promulgada em 5 de outubro de 1988, vol. 2. São Paulo: Saraiva, 1989.

BERNARDES JÚNIOR, José Alcione. *O controle jurisdicional do processo legislativo.* Belo Horizonte: Fórum, 2009.

BOBBIO, Norberto; MATTEUCCI, Nicola; PASQUINO, Gianfranco. *Dicionário de Política.* Brasília: Editora Universidade de Brasília, 1998.

BOBBIO, Norberto. *Liberalismo e democracia.* São Paulo: Brasiliense, 2013.

BOHN, Simone R.; PAIVA, Denise. A volatilidade eleitoral nos estados sistema partidário e democracia no Brasil. *Revista de Sociologia e Política*, Curitiba, v. 17, n. 33, p. 188, ago. 2012.

BONAVIDES, Paulo. *Curso de Direito Constitucional*. São Paulo: Malheiros, 1997.

______. *Do Estado Liberal ao Estado Social*. São Paulo: Malheiros, 2013.

BRASIL. Constituição (1988). *Constituição da República Federativa do Brasil*. Disponível em: <http://www.planalto.gov.br/ccivil_03/Constituicao/Constituicao.htm>.

BRASIL. Lei nº 9.096, de 19 de setembro de 1995. Dispõe sobre partidos políticos, regulamenta os arts. 17 e 14, §3º, inciso V, da Constituição Federal. Disponível em: <http://www.planalto.gov.br/ccivil_03/LEIS/L9096.htm>.

BRASIL. Lei nº 9.504, de 30 de setembro de 1997. Estabelece normas para eleições. Disponível em: <http://www.planalto.gov.br/ccivil_03/LEIS/L9504.htm>.

BRASIL. Lei nº 10.406, de 10 de janeiro de 2002. Institui o Código Civil. Disponível em: <http://www.planalto.gov.br/ccivil_03/leis/2002/L10406.htm>.

BRASIL. *Regimento Interno da Câmara dos Deputados*: versão compilada com as alterações promovidas pela Resolução nº 20, de 2016. Disponível em: <http://www2.camara.leg.br/atividade-legislativa/legislacao/regimento-interno-da-camara-dos-deputados/RICD%20atualizado%20ate%20RCD%2020-2016.pdf>.

BRASIL. *Regimento Interno do Senado Federal*: versão compilada com as alterações promovidas pela Resolução nº 3, de 2017. Disponível em: <https://legis.senado.leg.br/legislacao/ListaTextoSigen.action?norma=563958&id=16430858&idBinario=16433779&mime=application/rtf>.

______. Supremo Tribunal Federal. *Acórdão na Ação Direta de Inconstitucionalidade n. 1.351/DF*. Relator: MELLO, Marco Aurélio Mendes de Farias. Publicado no DJ de 30/03/2007, p. 68.

______. Supremo Tribunal Federal. *Acórdão no Mandado de Segurança nº 20.927/DF*. Relator: ALVES, Moreira. Publicado no DJ de 15/04/1994, p. 130.

______. Supremo Tribunal Federal. *Acórdão no Mandado de Segurança nº 26.602/DF*. Relator: GRAU, Eros. Publicado no DJe de 16/10/2008.

______. Supremo Tribunal Federal. *Acórdão no Mandado de Segurança nº 26.603/DF*. Relator: MELLO, Celso de. Publicado no DJe de 19/12/2008.

______. Supremo Tribunal Federal. *Acórdão no Mandado de Segurança nº 26.604/DF*. Relator: LÚCIA, Carmen. Publicado no DJe de 03/10/2008.

______. Tribunal Superior Eleitoral. *Resolução nº 22.526*. Relator: ROCHA, Francisco Cesar Asfor. Publicado no DJ de 08/05/2007, p. 143.

______. Tribunal Superior Eleitoral. *Resolução nº 22.600*. Relator: BRITTO, Carlos Augusto Ayres. Publicado no DJ de 28/12/2007, p. 01.

CAMPOS, Carlos Alexandre de Azevedo. Explicando o avanço do ativismo judicial do Supremo Tribunal Federal. In: FELLET, André; NOVELINO, Marcelo (org.). *Constitucionalismo e Democracia*. Salvador: JusPodivm, 2013.

CAMPOS, Francisco. *Direito Constitucional*, vol. II. Rio de Janeiro: Editora Freitas Bastos, 1956.

CANOTILHO, José Joaquim Gomes. *Direito constitucional e teoria da Constituição*. 7. ed. Coimbra: Almedina, 2008.

CAPO GIOL, Jordi. *La institucionalización de las Cortes Generales*. Barcelona: Universidad de Barcelona, 1983. Disponível em: <http://booklegit.com/wp-content/themes/canvas/download/pdf.php?name=La_Institucionalizacion_De>. Acesso em: 15 fev. 2015.

CARVALHO, Valter Rodrigues de. Presidencialismo de coalizão e democracia majoritária no Brasil. *Ponto-e-virgula*, São Paulo, n. 4, p. 100-115, 2008.

CASTILLO, Antonia Navas. *El Control Jurisdiccional de los Actos Parlamentarios sin Valor de Ley*. Madrid: Editorial Colex, 2000.

CATTONI, Marcelo. *Devido processo legislativo*. Belo Horizonte: Mandamentos, 2006.

CONGRESSO EM FOCO. *Renan deixa votação de MPs nas mãos dos líderes*. Brasília, 28/05/2013. Disponível em: <http://congressoemfoco.uol.com.br/noticias/renan-deixa-votacao-de-mps-nas-maos-dos-lideres/>. Acesso em: 05 ago. 2015

CONSTANT, Benjamin. *Da liberdade dos antigos comparada à dos modernos*. Tradução: Loura Silveira. Disponível em: <http://www.fafich.ufmg.br/~luarnaut/Constant_liberdade.pdf>. Acesso em: 23 set. 2015.

CRISAFULLI, Vezio. Gerarchia e competenza nel sistema costituzionale delle fonti. *Rivista Trimestrale de Diritto Pubblico*, Milão, n. 1, p. 775-810, jan./mar. 1960.

DAHL, Robert. *A democracia e seus críticos*. São Paulo: WMF Martins Fontes, 2012.

______. *Poliarquia*: Participação e Oposição. São Paulo: Editora da Universidade de São Paulo, 1997.

______. *Sobre a democracia*. Tradução: Beatriz Sidou. Brasília: Editora Universidade de Brasília, 2001.

______. *Um Prefácio à Teoria Democrática*. Rio de Janeiro: Jorge Zahar, 1989.

______. Uma Crítica do modelo de Elite Dirigente. In: AMORIM, Maria Estella (org.). *Sociologia Política II*. Rio de Janeiro: Zahar Editores, 1970.

DE LOLME, Jean Louis. *Constitución de Inglaterra, o descripción del Gobierno inglés comparado con el democrático, y con las otras monarquías de Europa*. Oviedo: En la Oficina de Pedregal, 1812. Disponível em: <http://www.cervantesvirtual.com/obra-visor/constitucion-de-inglaterra-o-descripcion-del-gobierno-ingles-comparado-con-el-democratico-y-con-las-otras-monarquias-de-europa--0/html/>. Acesso em: 20 jul. 2015.

DIOP, El Hadji Omar. *Partis politiques et processus de transition démocratique en Afrique noire*. Paris: Publibook, 2006, p. 175. Disponível em: <https://books.google.com.br/books?id=6xCR3jJESAkC&lr=&redir_esc=y>. Acesso em: 20 jul. 2015

DUGUIT, Léon. *Manuel de droit constitutionnel*: théorie gènèrale de l´État. 4. ed. Paris: E. de Boccard Éditeur, 1923.

DUVERGER, Maurice. *Os Partidos Políticos*. Tradução: Cristiano Monteiro Oiticica. Rio de Janeiro: Editora Guanabara, 1987.

FERREIRA FILHO, Manoel Gonçalves. *A democracia no limiar do século XXI*. São Paulo: Saraiva, 2001.

______. *Sete vezes democracia*. São Paulo: Convívio, 1977.

FIGUEIREDO, Argelina Cheibub; LIMONGI, Fernando. *Executivo e Legislativo na nova ordem constitucional*. Rio de Janeiro: Editora FGV, 1999.

FIGUEIREDO, Juliana Baldoni. O Colégio de Líderes: surgimento e evolução. *E-Legis - Revista Eletrônica do Programa de Pós-Graduação da Câmara dos Deputados*, p. 6-33, jun. 2012. Disponível em: <http://e-legis.camara.leg.br/cefor/index.php/e-legis/article/view/109>. Acesso em: 20 jul. 2015.

FLORIDIA, Giuseppe. *Il Regolamento parlamentare nel sistema delle fonti*. Milão: A. Giuffrè Editore, 1986.

GARCÍA-PELAYO, Manuel. *Derecho Constitucional comparado*. Madrid: Alianza Editorial, 1991.

GILLIGAN, Thomas; KREHBIEL, Keith. Collective decision--making and standing committees: an informational rationale for restrictive amendment procedures. *Journal of Law, Economics and Organization*, n. 3, p. 287-335, 1987. Disponível em: <http://www.jstor.org/discover/10.2307/764831?uid=3737664&uid=2&uid=4&sid=21106528600873>. Acesso em: 20 abr. 2015.

GNEIST, Heinrich Rudolf Hermann Friedrich von. *Soll der Richter auch über die Frage zu befinden haben, ob ein Gesetz verfassungsmäßig zu Stande gekommen?. Verhandlungen des Vierten Deutschen Juristentages*. Berlin: Berlag von Julius Springer, 1863. Disponível em: <https://play.google.com/books/reader?id=P1Z9BwAAQBAJ&printsec=frontcover&output=reader&hl=pt_BR>. Acesso em: 18 fev. 2015.

GOMES, Sandra. O impacto das regras de organização do processo legislativo no comportamento dos parlamentares: um estudo de caso da Assembléia Nacional Constituinte (1987-1988). *Dados*, Rio de Janeiro, v. 49, n. 1, p. 193-224, 2006. Disponível em: <http://www.scielo.br/scielo.php?script=sci_arttext&pid=S0011-52582006000100008&lng=en&nrm=iso>. Acesso em: 20 jul. 2015.

GÓMEZ, Juan Carlos Cervantes. *Derecho Parlamentario*: organización y funcionamento del Congreso. Mexico: Cámara de Diputados, CEDIP, 2012.

GRIMM, Dieter. *Constituição e Política*. Tradução: Geraldo de Carvalho. Belo Horizonte: Del Rey, 2006.

GUIZOT, François. *História das origens do governo representativo na Europa*. Rio de Janeiro: Topbooks, 2008.

GUSTIN, Miracy B. S.; DIAS, Maria Tereza Fonseca. *(Re)pensando a pesquisa jurídica*: teoria e prática. Belo Horizonte: Del Rey, 2010.

HABERMAS, Jürgen. *A inclusão do outro*: estudos de teoria política. São Paulo: Edições Loyola, 2007.

______. *Direito e democracia*: entre facticidade e validade, vol. 1 e 2. Tradução: Flávio Beno Siebeneichler. Rio de Janeiro: Tempo Brasileiro, 2012.

HATSCHEK, Julius. *Das Parlamentsrecht Des Deutschen Reiches*. Berlin: De Gruyter, 1973. Disponível em: <https://books.google.com.br/books?id=VtMCS1MFzvgC&printsec=frontcover&hl=pt-BR#v=onepage&q&f=false>. Acesso em: 19 fev. 2015.

HEIDEGGER, Martin. *Ser e tempo*, parte 1. Tradução: Márcia Sá Cavalcante Schuback. Petrópolis: Vozes, 2005.

HORTA, Raul Machado. *Direito constitucional.* Belo Horizonte: Del Rey, 2002.

INÁCIO, Magna. Mudança procedimental, oposições e obstrução na Câmara dos Deputados. In: INÁCIO, Magna; RENNÓ, Lúcio (org.). *Legislativo brasileiro em perspectiva comparada.* Belo Horizonte: Editora UFMG, 2009.

JELLINEK, Georg. *System der subjektiven öffentlichen Rechte.* Mohr: Freiburg im Breisgau, 1892. Disponível em: <https://archive.org/stream/systemdersubjek00jellgoog#page/n9/mode/2up>. Acesso em: 12 fev. 2015.

JOBIM, Nelson. O Colégio de Líderes e a Câmara dos Deputados. In: O desafio do Congresso Nacional: mudanças internas e fortalecimento institucional. *Cadernos de Pesquisa CEBRAP*, São Paulo, n. 3, p. 37-59, nov. 1994. Disponível em: <http://www.cebrap.org.br/v2/files/upload/biblioteca_virtual/o_colegio_de_lideres.pdf>. Acesso em: 26 jun. 2015.

KELSEN, Hans. A garantia jurisdicional da Constituição. KELSEN, Hans. In: *Jurisdição constitucional.* São Paulo: Martins Fontes, 2007.

______. Essência e valor da democracia. In: KELSEN, Hans. *A democracia.* São Paulo: Martins Fontes, 1993.

______. Fundamentos da democracia. In: KELSEN, Hans. *A democracia.* São Paulo: Martins Fontes, 1993.

______. *O que é justiça?*: a Justiça, o Direito e a Política no espelho da ciência. Tradução: Luís Carlos Borges. São Paulo: Martins Fontes, 2001.

______. O problema do parlamentarismo. In: KELSEN, Hans. *A democracia*. São Paulo: Martins Fontes, 1993.

______. Quem deve ser o guardião da Constituição. KELSEN, Hans. In: Jurisdição constitucional. São Paulo: Martins Fontes, 2007.

KERLINGER, Fred. N. *Metodologia da pesquisa em ciências sociais*: um tratamento conceitual. São Paulo: EPU, 1980.

KUHN, Thomas. *A estrutura das revoluções científicas*. Tradução: Beatriz Vianna Boeira e Nelson Boeira. São Paulo: Perspectiva, 1998.

LESSA, Alex Alves; AMORIM, Victor Aguiar Jardim de. A contribuição do estado de bem-estar social para a estruturação de um modelo político-institucional de busca pela efetividade dos direitos sociais. In: SANTIAGO, Marcus Firmino (org.). *Desjudicialização do debate sobre efetividade dos direitos sociais*, vol. 1. Brasília: IDP, 2014.

LIJPHART, Arend. *Modelos de democracia*: desempenho e padrões de governo em 36 países. Tradução: Roberto Franco. Rio de Janeiro: Civilização Brasileira, 2003.

LIMONGI, Fernando. A democracia no Brasil: presidencialismo, coalizão partidária e processo decisório. *Novos estudos*, São Paulo, n. 76, p. 29, 2006. Disponível em: <http://www.scielo.br/scielo.php?script=sci_arttext&pid=S0101-33002006000300002&lng=en&nrm=iso>. Acesso em: 20 abr. 2015.

______. Prefácio. In: DAHL, Robert. *Poliarquia*: Participação e Oposição. São Paulo: Editora da Universidade de São Paulo, 1997.

______. Presidencialismo e Governo de Coalizão. In: AVRITZER, Leonardo; ANASTASIA, Fátima (org.). *Reforma política no Brasil*. Belo Horizonte: UFMG, 2007.

LÓPEZ, Fernando Santaolalla. *Derecho Parlamentario Español*. Madrid: Dykinson, 2013.

MACHADO, Diego de Oliveira. *Relação entre disciplina e infidelidade partidária na Câmara dos Deputados*. Brasília, 2012, 44p. Monografia (especialização) – Curso de Política e Representação Parlamentar, Câmara dos Deputados, Centro de Formação, Treinamento e Aperfeiçoamento (Cefor), 2013.

MANZELLA, Andrea. *Il Parlamento*. Bolonia: Il Mulino, 1977.

MARÍN, Tomás Vidal. *Los Reglamentos de las Asambleas Legislativas*. Madrid: Congreso de los Diputados, 2005.

MARTÍNEZ ELIPE, León. Fuentes del derecho y del ordenamento juridico parlamentario. In: *I Jornadas de Derecho Parlamentario*, Cortes Generales, Madrid, vol. 2, p. 413-503, 1985. Disponível em: <http://www2.congreso.gob.pe/sicr/cendocbib/con2_uibd.nsf/194F11E09484D80005257 7AE00669037/$FILE/FuentesdelDerechoydelOrdenamientoJuridico.pdf>. Acesso em: 14 fev. 2015.

MAXIMILIANO, Carlos. *Comentários à Constituição Brasileira de 1891*. Brasília: Senado Federal, Conselho Editorial, 2005.

MICHELS, Roberto. Oligarquia. In: CHARLOT, Jean. *Os partidos políticos*. Tradução: Carlos Alberto Lamback. Brasília: Editora Universidade de Brasília, 1982.

MILL, John Stuart. *Considerações sobre o governo representativo.* Tradução: Manoel Innocencio de Lacerda Santos Jr. Brasília: Universidade de Brasília, 1981.

MIRANDA, Geralda Luiza de. A delegação aos líderes partidários na Câmara dos Deputados e no Senado Federal. *Revista de Sociologia e Política*, Curitiba , v. 18, n. 37, p. 201-225, out. 2010. Disponível em: <http://www.scielo.br/scielo.php?script=sci_arttext&pid=S0104-44782010000300013&lng=en&nrm=iso>. Acesso em: 29 jul. 2015.

MIRANDA. Jorge. *Teoria do Estado e da Constituição.* Rio de Janeiro: Forense, 2003.

MORAES, Filomeno. Executivo e Legislativo no Brasil pós-Constituinte. *São Paulo Perspec.*, São Paulo, v. 15, n. 4, p. 45-52, 2011.

MOUFFE, Chantal. Pensando a democracia moderna com, e contra, Carl Schmitt. Tradução: Menelick de Carvalho Netto. *Cadernos da Escola do Legislativo*, Belo Horizonte, p. 91-107, 1994, disponível em: < http://professor.ufop.br/sites/default/files/alexandre/files/com_e_contra_carl_schmitt_-_chantal_mouffe.pdf>. Acesso em: 31 jul. 2015.

NOGUEIRA FILHO, Octaciano da Costa. *Sistemas políticos e o modelo brasileiro.* Brasília: Senado Federal, Unilegis, 2006

______. *Vocabulário da Política.* Brasília: Senado Federal, Unilegis, 2010

PEREIRA, Antonio Kevan Brandão. Teoria democrática contemporânea: o conceito de Poliarquia na obra de Robert Dahl. In: *38º Encontro da Associação Nacional de Pós-Graduação e Pesquisa em Ciências Sociais*, 2014, Caxambu. Disponível em: <http://www.

anpocs.org/portal/index.php?option=com_docman&task=doc_view&gid=9208&Itemid=456>. Acesso em: 05 mai. 2015.

PEREIRA, Carlos; MUELLER, Bernardo. Uma teoria da preponderância do Poder Executivo: o sistema de comissões no Legislativo brasileiro. *Revista Brasileira de Ciências Sociais*, São Paulo, vol.15, n. 43, p. 45-67, 2000. Disponível em: <http://www.scielo.br/scielo.php?script=sci_arttext&pid=S0102-69092000000200004&lng=en&nrm=iso>. Acesso em: 20 abr. 2015.

POUPART, Jean [et al]. *A pesquisa qualitativa: enfoques epistemológicos e metodológicos*. Rio de Janeiro: Vozes, 2008

POWER, Timothy J. Brazilian Democracy as a late bloomer: Reevaluating the Regime in the Cardoso-Lula Era. *Latin American Reserach Review*, vol. 45, p. 218-247, 2011. Disponível em: <http://www.plataformademocratica.org/Publicacoes/19731_Cached.pdf>. Acesso em: 15 abr. 2015.

PRIETO, Luis María Cazorla. Problemas de la organización y el funcionamiento de los Parlamentos actuales. In: MORALES, Ángel Garrorena (org.). *El Parlamento y sus transformaciones actuales*. Madrid: Tecnos, 1990.

REIS, Marisa Amaro dos. Cláusula de desempenho e fortalecimento dos sistemas representativo e partidário no Brasil. *Estudos Eleitorais*, vol. 9, n. 1, p. 90-103, jan./abril. 2014.

RIBEIRO, Fernando J. Armando. Democracia representativa: problemas e reflexões. *Revista Brasileira de Estudos Políticos*, Belo Horizonte, n. 100, p. 85-102, jan./jun. 2010.

ROUSSEAU, Jean-Jacques. *Do Contrato Social*. Tradução: Lourdes Santos Machado. São Paulo: Abril Cultural, 1973.

SANCHEZ AGESTA, Luis. El Reglamento Parlamentario. *Revista de la Facultad de Derecho de la Universidad Complutense de Madrid*, Madri, n. 73, p. 345, 1987-1988.

SANTOS, Fabiano. Pluralismo e estabilidade: o sistema de representação proporcional na Constituição Brasileira de 1988. In: VIEIRA, José Ribas (org.). *20 anos da Constituição cidadã de 1988*: efetivação ou impasse institucional?. Rio de Janeiro: Forense, 2008.

SANTOS, Maria Helena de Castro. Governabilidade, Governança e Democracia: Criação de Capacidade Governativa e Relações Executivo-Legislativo no Brasil Pós-Constituinte. *Dados*, Rio de Janeiro, v. 40, n. 3, 1997. Disponível em: <http://www.scielo.br/scielo.php?script=sci_arttext&pid=S0011-52581997000300003&lng=en&nrm=iso>. Acesso em: 19 jul. 2015.

SCHMITT, Carl. *A crise da democracia parlamentar*. Tradução: Inês Lohbauer. São Paulo: Scritta, 1996.

______. *O conceito do político*. Tradução: Geraldo de Carvalho. Belo Horizonte: Del Rey, 2008.

______. *O guardião da Constituição*. Tradução: Geraldo de Carvalho. Belo Horizonte: Del Rey, 2007.

______. *Teoría de la Constitución*. Tradução: Francisco Ayala. Madrid: Alianza Editorial, 2003.

SHEPSLE, Kenneth; WEINGAST, Barry. The Institutional Foundations of Committee Power. *American Political Science Review*, vol. 81, n. 1, p. 37-55, 1987. Disponível em: <http://www.jstor.org/discover/10.2307/1960780?uid=3737664&uid=2&uid=4&sid=21106541793433.>. Acesso em: 21 abr. 2015.

SILVA, José Afonso. *Curso de Direito Constitucional*. São Paulo: Malheiros, 2003.

SILVA FILHO, Derly Barreto e. *Controle dos atos parlamentares pelo Poder Judiciário*. São Paulo: Malheiros, 2003.

SILVIO, Traversa. La natura giuridica delle norme dei regolamenti parlamentari. In: LONGI, Vincenzo (org.). *Il regolamento della Camera dei Deputati*: storia, istituti, procedure. Roma: Camera dei Deputati, 1968. Disponível em: <http://documenti.camera.it/bpr/3121_testo02.pdf>. Acesso em: 14 fev. 2015.

TESAURO, Alfonso. Sulla natura giuridica dei regolamenti parlamentari. *Rassegna di Diritto Publico*, Nápoles, p. 193-206, 1959. Disponível em: <http://documenti.camera.it/bpr/13727_testo.pdf>. Acesso em: 13 fev. 2015.

VALENZUELA, Francisco Berlín. *Derecho Parlamentario*. Mexico: Fondo de Cultura Económica, 1994.

VICTOR, Sérgio Antônio Ferreira. *Presidencialismo de coalizão*: exame do atual sistema de governo brasileiro. São Paulo: Saraiva, 2015.

WALDRON, Jeremy. *Law and Disagreement*. Oxford: Oxford University Press, 2004.

ZAGREBELSKY, Gustavo. *Il diritto mite*. Turín: Einaudi Editore, 1992.

ZAULI, Eduardo Meira. A crise da partidocracia na Itália. *Em Debate*, Belo Horizonte, v. 5, n.3, p. 40-47, jul. 2013. Disponível em: <http://opiniaopublica.ufmg.br/emdebate/Edmeirazaulijulho2013.pdf>. Acesso em: 21 mai. 2015.